Ouvrages Concurrences

La version électronique de ces ouvrages est disponible sur le site concurrences.com.

Mélanges

Laurence Idot Liber Amicorum, Vol. I & II, *Christophe Lemaire, Francesco Martucci (eds.), 2022*

Eleanor M. Fox – Antitrust Ambassador to the World, *2022*

Frédéric Jenny – Standing Up for Convergence and Relevance in Antitrust, Vol. I & II

Herbert Hovenkamp – The Dean of American Antitrust Law, *2021*

Albert A. Foer – A Consumer Voice in the Antitrust Arena, *2020*

Richard Whish – Taking Competition Law Outside the Box, *2020*

Wang Xiaoye – The Pioneer of Competition Law in China, *Adrian Emch, Wendy Ng (eds.), 2019*

Douglas H. Ginsburg – An Antitrust Professor on the Bench, Vol. I & II, *2018 & 2021*

Ian S. Forrester – A Scot Without Borders, Vol. I & II, *Assimakis Komninos et al. (eds.), 2015*

William E. Kovacic: An Antitrust Tribute, Vol. I & II, *Nicolas Charbit et al. (eds.), 2013 & 2014*

Thèses

L'entreprise contrevenante en droit des pratiques anticoncurrentielles, *Etienne Thomas, 2021*

Droit de la commande publique et droit de l'Union européenne : Etude sur une dynamique commune, *Vincent Bridoux, 2021*

Competition and Regulation in Network Industries: Essays in Industrial Organization, *Jean-Marc Zogheib, 2021*

La faute lucrative en droit de la concurrence, *Godefroy de Moncuit de Boiscuillé, 2020*

The Role of Media Pluralism in the Enforcement of EU Competition Law, *Konstantina Bania, 2019*

Les accords de report d'entrée (Pay-for-delay), *Walid Chaiehloudj, 2019*

Buyer Power in EU Competition Law, *Ignacio Herrera Anchustegui, 2017*

Google, la presse et les journalistes, *Guillaume Sire, 2015*

L'Union européenne et le droit international des subventions, *Loïc Wagner, 2015*

Pratiques

Grands arrêts du droit de la concurrence – Pratiques anticoncurrentielles, Nouvelle édition, *Laurence Idot (ed.), 2022*

Grands arrêts du droit de la concurrence – Concentrations, Nouvelle édition, *Laurence Idot (ed.), 2022*

Grands arrêts du droit de la concurrence – Aides d'État, Nouvelle édition, *Laurence Idot (ed.), 2022*

Grands arrêts du droit de la concurrence – Régulations, *Francesco Martucci (ed.), 2019*

Grands arrêts du droit de la concurrence – Distribution & Pratiques commerciales déloyales, *Nicolas Ferrier & Frédéric Buy (ed.), 2019*

Dictionnaire de droit de la concurrence, *Muriel Chagny, Emmanuel Combe, (eds.), 2022*

Les inspections de concurrence des autorités françaises, *Nathalie Jalabert-Doury, 2ème édition, 2021*

La réparation des préjudices causés par les pratiques anticoncurrentielles, *Rafael Amaro, Jean-François Laborde, 2ème édition, 2020*

Global Dictionary of Competition Law, *Deborah Healey, William Kovacic, Pablo Trevisan, Richard Whish (eds.), 2022*

State Aid & National Enforcement, *Jacques Derenne, Denis Jouve, Christophe Lemaire, Francesco Martucci (eds.), 2022*

Perspectives on Antitrust Compliance, *Anne Riley, Andreas Stephan, Anny Tubbs (eds.), 2022*

Information Exchange and Related Risks: A Practical Guide, *Zoltan Marosi, Marcio Dias Soares (eds.), 2022*

Competition Law, Climate Change & Environmental Sustainability, *Simon Holmes, Dirk Middelschulte, Martijn Snoep (eds.), 2021*

Merger Control in Latin America: A Jurisdictional Guide, *Paulo Burnier da Silveira & Pamela Sittenfeld (ed.), 2020*

Competition Inspections under EU Law – A Practitioner's Guide, *Nathalie Jalabert-Doury, 2020*

Competition Digest – A Synthesis of EU, US and National Leading Cases, 4th ed., *Frédéric Jenny (ed.), 2020*

Gun Jumping in Merger Control, A Jurisdictional Guide, *Catriona Hatton, Yves Comtois, Andrea Hamilton (eds.), 2019*

Choice – A New Standard for Competition Analysis?, *Paul Nihoul et al., 2016*

Ouvrages Généraux

Women & Antitrust – Voices from the Field, Vol. I & II, *Evelina Kurgonaite & Kristina Nordlander (eds.), 2020*

Petit manuel (irrévérencieux) d'économie, *Emmanuel Combe, 2018*

A quoi sert la concurrence ?, *Martine Behar-Touchais et al. (ed.), 2014*

Colloques

Antitrust in Emerging and Developing Countries, Vol I & II, *Eleanor Fox, Harry First (eds.), 2015 & 2016*

Global Antitrust Law – Current Issues in Antitrust Law and Economics, *Douglas Ginsburg, Joshua Wright (eds.), 2015*

Competition Law on the Global Stage: David Gerber's Global Competition Law in Perspective, *David Gerber, 2014*

Chronïques (décalées) d'un économiste

Emmanuel Combe

Préface de Anne Méaux

Concurrences, 2022

ISBN 979-10-94201-61-9

Préface

La lecture de cet ouvrage est réjouissante. Quand Emmanuel Combe m'a proposé de le préfacer, j'en ai été heureuse tant sa pensée est en phase avec mes convictions profondes. Mais surtout, dans un contexte fait d'inquiétude ou de morosité, ce recueil est avant tout un manifeste pour l'optimisme. Il ne s'agit pas d'une galerie d'incantations béates en faveur d'un avenir sublimé par principe. Ce livre est un remède contre les idées reçues, la démarche volontaire d'un expert aux yeux grand-ouverts sur la réalité. À sa lecture, une évidence transparait à chaque page : il est plus agréable de lire une pensée éclairée, fut-elle celle d'un seul homme, que les avis sans fondement, répétés avec la satisfaction sotte d'être nombreux à le partager.

Les 18 chapitres introduisent plus de cent tribunes publiées en 2019 et 2020. L'excellence, un des thèmes abordés par l'auteur peut être accordée à cette succession de textes. Leur toute première qualité est la cohérence. En portant notre attention sur une multiplicité de faits, de sujets d'actualité, de ressorts économiques parfois complexes, Emmanuel Combe nous ramène sans cesse à une idée simple : seule la liberté donne une perspective à notre humanité. Cela ne signifie pas un monde barbare dénué de règles ou de lois, il s'agit au contraire d'un plaidoyer en faveur de l'ouverture, du libre-échange, d'un monde où la volonté collective est de progresser ensemble, de fuir ce qui m'a toujours paru un contre-sens mortifère : la régression par le repli sur soi. Des années passées à conseiller des entreprises dans tous les secteurs de l'économie m'ont forgé cette conviction, au fil du temps, et l'expérimentation en fait une certitude : le libéralisme est une nécessité vitale pour le monde. Je partage avec l'auteur de ce livre l'impérieuse nécessité de le réguler avec la volonté de ne pas entraver nos capacités à soutenir le progrès.

La clarté est une autre qualité de ce recueil. Les thèmes se succèdent, parfois ardus, pointus, toujours éclairés. Pour un lecteur dont l'économie n'est pas la fonction première il est jouissif d'entrer dans tous les sujets, accompagné par un guide lumineux, rendant le voyage dans cet univers de spécialistes aussi agréable et confortable. Je repensais au Virgile de la Divine Comédie de Dante. Ce refus des idées toutes faites, ce talent pour démonter les évidences de discours préformés, cette capacité à nous rendre accessible l'imbrication de tant de paramètres forment un espace où l'économie devient une mécanique d'optimisme et d'espoir.

En France nous avons trop souvent une attirance pour le constat tragique. Nous sommes tentés par le vertige du catastrophisme, ou de l'autoflagellation, le pays n'étant plus capable de rien, étouffé par ces démons faits de trop de dépenses publiques, d'absence d'innovation, de recul de nos capacités éducatives, de faiblesse industrielle, et j'en oublie. Cette fascination pour le « déclinisme » a toujours été aux antipodes de mes convictions personnelles et de ma vie professionnelle. « L'autre » est une chance. L'intelligence collective a conduit ma vie d'entrepreneuse. Un des points forts de ce livre est la démonstration que le succès d'un ensemble se produit grâce à l'addition de la performance de toutes les parties. Cette variété des cas dont l'auteur s'empare illustre à la perfection ce propos. Pourfendeur des évidences infondées, il nous offre un panorama très divers de ce qu'il est possible de mettre en œuvre, dans tous les domaines, pour le bénéfice général. En filigrane de l'ouvrage se dessine un avenir pour la France, une voie lui permettant de participer avec efficacité aux grands enjeux planétaires tels qu'ils se présentent à nous. Croire en l'avenir du pays n'est pas un rêve, affirmer nos forces, notre puissance parfois, n'est pas un fantasme. Croire, adhérer, se projeter vers l'avenir sont des obligations. Nous devons lutter contre la soumission aux forces de la récession, aux idées étranges qui s'emparent de notre société, attirée soit par un retour à un monde sauvage idéalisé fait de renoncements, soit par une régression nous ramenant vers une gloire passée dont les illusions se révéleraient désastreuses. Croire c'est avancer, c'est vouloir se soucier de demain, c'est envisager le monde qui vient avec la détermination de faire mieux pour chaque femme et chaque homme appelés à vivre sur cette planète. Les propos d'Emmanuel Combe ne forment pas un livre de recettes destiné aux optimistes béats. La description très opérationnelle des phénomènes économiques auxquels il a consacré sa réflexion déploie un champ de possibles répondant avec vigueur aux invocations du pessimisme résigné. Ce livre, au-delà de son expertise économique, s'apparente aussi à un petit traité de philosophie de la vie en 2022. La lucidité de l'auteur nous amène sans concession vers les terrains les plus chargés d'incertitudes : le climat, l'énergie, le numérique, le transport, les conflits internationaux, sans oublier la pandémie de Covid 19. Il serait caricatural de ramener ce travail à la volonté de donner une solution à chaque problème, sans vision d'ensemble. Car Emmanuel Combe exerce un travail en profondeur, avec une subtilité montrant avec brio que le pessimisme est non seulement une disposition à fuir, par principe, mais qu'il conduit à mettre en œuvre des solutions inopérantes. Je crois profondément que le pessimisme amène au pire, à l'immobilisme et au recul. Cette volonté d'aller de l'avant, de répondre avec optimisme à notre destin ontologique traverse ces pages et ravira tous ceux qui, comme moi, ont toujours rejeté les attitudes funestes. Les imprécateurs, les prophètes du malheur inévitable trouveront ici de quoi ranger dans leur placard toutes les figures d'épouvante qui font leur petit commerce.

J'ai passé ma vie à lutter contre le pire des maux de la société : la peur. Elle est l'inspiratrice de tant de catastrophes. La peur, la peur de l'autre, la peur du lendemain, la peur de manquer, la peur de l'inconnu, la peur est la complice de la disparition. Toutes les raisons d'avoir peur sont mises à notre disposition à chaque instant. C'est parfois un moteur dont se servent, non sans cynisme, les marchands désireux d'exploiter des troupeaux de moutons tremblants. La liberté, dont le libéralisme est la forme économique n'est pas gouvernée par la peur. La démocratie consiste à ne pas craindre le vote. On voit ce qu'il en advient dans les pays où l'opinion du peuple se résume à son devoir d'obéissance. En préservant sa liberté de regarder le monde tel qu'il est, en nous montrant la voie d'un libéralisme responsable, en nous mettant à l'abri des faux-semblants et de la pensée toute faite, ce livre est un manifeste pour le courage, la confiance, l'avenir. Sa lecture en est vraiment réjouissante.

Anne Méaux

Présidente et fondatrice d'Image 7

Table des matières

Chapitre 1

Les vertus (oubliées) de la mondialisation commerciale

Depuis les travaux fondateurs de David Ricardo, les économistes ont mis en évidence les multiples gains du commerce international : ce dernier n'est pas, comme le pensaient les mercantilistes, une guerre dans laquelle un pays gagne au détriment de son partenaire. Le commerce est un jeu à somme positive et non un jeu à somme nulle : les pays retirent un gain à l'échange, même si la répartition de ce gain peut être inégale entre les partenaires. Cette idée prend appui sur le fait que chaque pays a intérêt à se spécialiser dans ce qu'il sait faire le mieux (ou le moins mal) : il va produire et exporter ses points forts et importer les produits pour lesquels il ne dispose pas d'un talent particulier.

Si cette théorie est ancienne, elle garde encore toute sa pertinence aujourd'hui, que ce soit pour les pays développés ou en développement.

Ainsi, pour un pays développé comme la France, l'ouverture commerciale nous permet d'exporter les produits pour lesquels nous disposons d'un fort avantage comparatif. En la matière, la France – avec l'Italie et la Suisse –, figure parmi les leaders mondiaux du luxe à la personne, avec un solde commercial qui équivaut à celui de l'aéronautique ! Nous devons poursuivre notre spécialisation dans ce secteur d'excellence, qui redonne par ailleurs de la fierté à nos compatriotes (« *Exportations : misons sur la France des excellences partie 1* »). Cette logique de spécialisation sur le haut de gamme n'est pas réservée au seul secteur du luxe : elle peut s'appliquer potentiellement à un grand nombre de secteurs, à l'image du tourisme ou de l'agro-alimentaire. Pour bâtir cette « France des excellences » à l'exportation, la formation de la main d'œuvre constituera un enjeu majeur : pas de qualité des produits sans qualification des hommes (« *Exportations : misons sur la France des excellences partie 2* »).

Cette conception offensive de l'insertion d'un pays dans la mondialisation implique que notre ambition première soit d'exporter plus et non d'importer moins. Un moyen de stimuler les exporter est d'accéder à de nouveaux marchés géographiques, en signant des accords commerciaux bilatéraux. Ainsi, la conclusion d'un accord de libre-échange entre l'Europe et le Mercosur, pourtant si décriée, constitue une opportunité de conquête de nouveaux débouchés, notamment dans la pharmacie, l'automobile et l'agro-alimentaire. Certes, comme tout accord commercial, nous devrons faire des concessions mais le jeu en vaut la chandelle (« *Mercosur : back to basic* »).

Exporter plus, plutôt qu'importer moins : à cet égard, les politiques de promotion du « Made in », pour sympathiques qu'elles soient, restent d'une efficacité limitée. En effet, il est illusoire de penser qu'en consommant plus de produits « Made in », nous allons significativement réduirons notre dépendance aux importations. Tout simplement parce que le produit « 100 % Made in » n'existe pas. L'exemple de la production d'Airbus ou de Boeing est à cet égard éloquent : un avion est d'abord un assemblage de composants venus des quatre coins du monde (« *Made in the World* »). Cela ne signifie pas qu'un produit n'ait pas de nationalité – notamment au travers de son ADN, de son histoire ou de sa marque – mais que la nationalité d'un produit n'est pas synonyme de production 100 % domestique. À cet égard, dans le cas de la France, L'INSEE nous montre, chiffres à l'appui, que la consommation de produits industriels par les Français est très majoritairement composée... d'importations (« *Made in France : des idées reçues et des chiffres* »).

L'idée selon laquelle les pays ont intérêt à s'insérer dans la mondialisation commerciale vaut également pour les pays en développement. Les études empiriques montrent en effet que le commerce international constitue un puissant levier de sortie de la pauvreté. Le problème principal aujourd'hui est que les pays en développement – et notamment les PMA – n'ont pas véritablement accès aux marchés mondiaux : ils importent nos produits mais exportent peu chez nous. Ils ne sont jamais partie prenante des accords bilatéraux de libre-échange, qui sont d'abord conclus entre pays riches (« *Commerce international : n'oublions pas les pays en développement* »). Leur salut passe par une relance des négociations multilatérales au sein de l'OMC, ...aujourd'hui au point mort. Une des causes de ce blocage réside dans la forte contestation des vertus du libre-échange dans tous les pays. Depuis 1947, le commerce mondial a été partiellement libéralisé sans que personne n'en fasse véritablement la pédagogie (« *OMC : redonner du sens au libre-échange* »).

Exportations : misons sur la France des excellences ! (partie 1)

Dans un pays comme la France miné par la défiance, comment réinventer un avenir commun ? Une piste possible consiste à se demander qu'elle est notre identité économique profonde. Celle qui nous définit le mieux, qui nous rend fiers d'être français, à nos propres yeux comme aux yeux du reste du monde ; celle qui constitue une source pérenne de création de richesse et d'emplois pour tous et sur tout notre territoire.

Cette identité économique française existe, même si on ne la voit pas toujours, et elle porte un beau nom : l'excellence. Ou plutôt les excellences. L'excellence du boulanger qui fait du bon pain, l'excellence du viticulteur qui exporte son vin au Japon, l'excellence de l'ouvrier qui fabrique de beaux sacs en cuir, l'excellence de l'ingénieur qui conçoit de nouveaux avions, l'excellence du commerçant de proximité qui mise sur l'accueil et le sourire, l'excellence de tous ceux pour qui le travail, c'est d'abord du travail bien fait.

Si l'on doute de la pertinence économique de cette économie fondée sur les excellences, il suffit de se pencher un instant sur notre commerce extérieur : dans l'océan de notre déficit commercial, surnagent depuis deux décennies quelques pépites comme l'aéronautique, les produits du luxe, les boissons et produits du terroir. À elles seules, ces trois activités représentent en 2017 un excédent commercial de plus de 50 milliards d'euros : 18 milliards pour l'aéronautique, 22 milliards pour le luxe, 12 milliards pour les boissons et produits du terroir. C'est énorme : 50 milliards, c'est l'équivalent, en positif, de… notre déficit commercial. Mais quel est le point commun entre les avions, les parfums et les fromages AOC ? L'excellence, tout simplement.

L'excellence technologique d'Airbus ; l'excellence des nez et de la main pour les parfums et la maroquinerie de luxe, l'excellence des savoir-faire dans le cas des fromages, vins et spiritueux.

Le luxe nous offre un bel exemple de cette économie qui mise sur la « compétitivité par le haut » et échappe à la tyrannie des prix bas. Le luxe, c'est le royaume du « pouvoir de marché » selon une étude du Centre d'études prospectives et d'informations internationales (CEPII)[1], les exportateurs français de produits de maroquinerie peuvent pratiquer des prix 7 fois supérieurs à ceux de pays dotés d'une qualité moyenne dans le même secteur, sans perdre de parts de marché Plus fondamentalement, le luxe, c'est la mondialisation à l'envers, c'est la revanche de la France sur la Chine, ce ne sont pas les ouvriers chinois qui remplacent les ouvriers français ; ce sont les ouvriers qualifiés, artisans, designers, créateurs français qui exportent au travers de leurs produits leur savoir-faire aux quatre coins de la planète. Avec le luxe, la mondialisation n'est plus seulement une machine à délocaliser et à comprimer les coûts : grâce aux exportations, elle nous garantit des emplois pérennes, ancrés dans nos territoires. Chaque Français qui voyage à l'étranger peut voir à quel point les marques et produits de luxe de notre pays – champagne, vins, sacs à main, parfums, etc. – sont plébiscitées et en tire une forme de fierté nationale.

Article publié dans L'Opinion le 28 Janvier 2019.

1 CEPII (2015) « La France en mal de qualité ? », *La lettre du CEPII* n° 355.

Exportations : misons sur la France des excellences ! (partie 2)

L'excellence française ne se réduit pas au seul secteur du luxe. À vrai dire l'excellence n'a pas de secteur réservé : elle peut être partout, dans toutes les activités car elle est d'abord une attitude, une démarche productive, fondée sur la qualité et l'inventivité. À vrai dire, avec l'excellence, il n'y a plus de secteurs dépassés ou de secteurs d'avenir ; il y a juste des produits dépassés et des produits d'avenir. L'enjeu d'une politique moderne de compétitivité est de diffuser l'excellence dans tous les secteurs d'activité où nous sommes déjà présents, pour faire beaucoup mieux, pour monter en gamme et en qualité nos productions.

Prenons l'exemple du tourisme, l'une des pépites cachées de notre pays, qui affiche chaque année un solde positif de l'ordre de 15 milliards d'euros. Nous avons trop tendance à le considérer comme une rente naturelle, assise sur un patrimoine culturel et des paysages d'exception. Mais le tourisme est d'abord une activité qui mise sur l'humain, l'immatériel et le service : la compétitivité se joue dans le sourire, la qualité de l'accueil du client, la coordination entre les activités de commerce, de tourisme et de culture. L'ambition pour notre pays demain est donc moins de vouloir attirer 100 millions de touristes que de faire en sorte que ceux qui viennent chez nous aient envie d'y séjourner plus longtemps et de revenir : misons sur la qualité et la montée en gamme, plutôt que sur la quantité.

Pour construire cette France des excellences, nous devons mobiliser tous les leviers disponibles. L'excellence se façonne certes dans les laboratoires de recherche, à coups de R&D et de brevets. Nous devons poursuivre l'effort d'investissement dans l'innovation technologique, au travers du Crédit impôt recherche, des pôles de compétitivité, des dispositifs en faveur des PME innovantes, du développement de l'accès à l'enseignement supérieur. Ces leviers sont fondamentaux : point de salut aujourd'hui dans des secteurs comme l'automobile ou la pharmacie sans Recherche-Développement, sans innovations, sans brevets, sans ingénieurs.

Mais prenons garde à ne pas réduire l'excellence au seul univers de la technologie et au monde des chercheurs, aussi important soit-il. L'excellence est plus que jamais plurielle. Elle peut surgir là où on ne l'attend pas, là où on ne l'attendait plus : regardez la formidable réussite de Seb, qui a réinventé le marché des ustensiles de cuisine. Elle repose sur des ingrédients aussi variés que le design (un beau produit se vendra toujours mieux qu'un produit qui ne l'est pas) ; la créativité telle qu'elle s'exprime par exemple dans le secteur florissant des jeux vidéo et de l'animation ; l'excellence de la main et des savoir-faire, telle qu'on l'observe dans notre viticulture ou nos produits du terroir ; les marques et innovations commerciales, à l'image des eaux minérales où la France est leader mondial ; la qualité du service et de l'accueil, la réactivité, les délais de livraison, le sens du sourire dans le commerce de détail ; le goût du bon produit dans les assiettes ; la qualité de fabrication dans notre industrie, grâce notamment à la robotisation et à l'intelligence artificielle. Bref, la France des excellences doit marcher sur ses deux jambes : patrie de la haute technologie, la France doit aussi être celle de la créativité et de la qualité sous toutes ses formes et dans tous les secteurs.

L'excellence de nos productions est une matrice qui peut rassembler demain tous les Français, autour de valeurs fortes comme le goût de l'effort et du travail bien fait. Elle peut redonner du sens, de l'ancrage local, de la fierté nationale à une mondialisation trop souvent vécue comme anonyme. Elle permet aussi de diversifier les voies de la réussite et d'en finir avec la tyrannie de l'excellence scolaire unique : s'accomplir comme pâtissier n'est pas moins méritant que de sortir d'une grande école. Mais nous ne pourrons opérer la montée en gamme de toutes nos productions, sans opérer en parallèle une montée en gamme des qualifications : pas de qualité des produits sans qualification des hommes. De tous les hommes.

L'excellence est inclusive et transversale : elle est ouverte à toutes les bonnes volontés puisqu'elle se nourrit de tous les talents, celui des chercheurs, des ingénieurs, des ouvriers, mais aussi des artisans, des commerçants, des agriculteurs. Luttons contre l'illettrisme et le décrochage scolaire. Diversifions les voies de la réussite scolaire. Valorisons davantage les métiers de la main et créatifs. Menons une politique de pérennisation de nos savoirs faire et métiers d'art. Incitons les jeunes à s'orienter vers les formations créatives et valorisons toutes les formes de réussite, notamment au travers de l'apprentissage.

Nous sommes un petit pays mais un pays différent des autres, avec son esprit d'Astérix, sa French Tech et sa *French touch*. Nous avons tout en nous, en notre histoire, pour retrouver demain les chemins de la prospérité, en repartant à la conquête du vaste monde avec nos productions de qualité. Nous pouvons nous réinventer un avenir commun, si nous renouons avec notre véritable identité économique : la France des excellences.

Article publié dans L'Opinion le 28 Janvier 2019.

Mercosur : back to basics !

Alors que l'Europe a conclu un accord de libre-échange avec le Mercosur, les opposants n'ont pas tardé à faire entendre leur voix dans notre pays : les uns crient au « coup de poignard dans le dos de l'accord de Paris », tandis que d'autres dénoncent une « concurrence déloyale ». Nul doute que nous verrons fleurir les arguments pour ne pas ratifier l'accord. Voilà l'occasion de rappeler quelques principes économiques simples qui permettent d'apprécier le bien-fondé d'un accord commercial.

Premier principe : un accord suppose que chaque partie fasse des concessions à l'autre. « Tu baisses tes droits de douane sur un produit A que je veux exporter chez toi ; en échange, je baisse mes droits sur un produit B que tu souhaites exporter chez moi ». Il est donc logique que le résultat se traduise pour l'Europe par une hausse des exportations dans certains secteurs et… des importations en provenance du Mercosur dans d'autres secteurs.

Second principe : dans une négociation commerciale, le sens des concessions ne doit rien au hasard. Le but de chaque partenaire est d'exporter chez l'autre les productions dans lesquelles il est comparativement plus efficace. Cela s'appelle la « loi des avantages comparatifs ». Entre l'Europe et le Mercosur, les termes du débat sont assez simples : nous sommes plus performants qu'eux dans des productions comme l'aéronautique, l'automobile, les produits pharmaceutiques et chimiques, les produits du terroir, les produits laitiers, les vins et spiritueux. Les pays du Mercosur sont comparativement plus efficaces dans la production de bœuf, de volailles, de soja, de sucre ou d'éthanol.

Troisième principe : les avantages comparatifs ne résultent pas d'abord d'une « concurrence déloyale », même si nous devons rester vigilants sur le respect des normes sanitaires et industrielles. Ils expriment d'abord et surtout des différences de coût de production ou de technologies entre pays du Nord et du Sud. Refuser au Mercosur d'exporter ses produits agricoles, c'est refuser à des pays émergents de se développer en misant sur leur principal atout : les coûts de production.

Quatrième principe : un accord est bénéfique dès lors qu'il engendre un gain net pour celui qui le signe. Dit en d'autres termes, la question est de savoir si l'Union européenne sera plus riche demain, grâce à l'accord. Cela suppose d'additionner les gains et pertes de pouvoir d'achat, de production et d'emploi, à l'exportation comme à l'importation, dans tous les secteurs. Le résultat est connu : une étude de la Commission a conclu à un gain modeste de 15 milliards d'euros pour le Mercosur et de 32 milliards pour l'Europe[2]. Ce gain consistera notamment à importer moins cher des matières premières comme le soja, le minerai de fer ou les graines de café, utilisés par nos éleveurs et producteurs industriels.

Dernier principe : un accord commercial peut procurer un gain global pour la collectivité, tout en entraînant des pertes locales pour certains acteurs. Dans le cas du Mercosur, certains producteurs agricoles européens feront les frais de l'ouverture. L'économie politique nous indique clairement la voie à suivre : dédommager les perdants, puisque le gain global l'emporte sur les pertes. C'est à cette condition que le Mercosur sera non seulement économiquement avantageux mais aussi… politiquement acceptable.

Chronique publiée dans L'Opinion le 3 Juillet 2019, à la suite de la polémique suscitée en France par la signature d'un accord commercial entre l'Union Européenne et le Mercosur.

---

2 Voir : https://ec.europa.eu/trade/policy/in-focus/eu-mercosur-association-agreement/agreement-explained/

Made in the World

Alors qu'Air France a commandé 60 Airbus A220 pour renouveler une partie de sa flotte moyen-courrier, la polémique n'a pas manqué de se faire jour sur le fait que ces avions seront fabriqués... au Canada et non en Europe. À vrai dire, la polémique est d'autant plus étonnante qu'elle oublie une évidence factuelle : Airbus a racheté en 2017 la division des avions Cseries du groupe canadien Bombardier, qui ont été renommés « A220 ». Il est donc assez logique que ces avions soient conçus et produits au Canada puisqu'il s'agit d'une entreprise canadienne, dont Airbus a pris le contrôle.

Mais allons plus loin : même s'ils sont assemblés demain au Canada dans l'usine de Mirabel, ces A220 ne seront pas pour autant des avions 100 % canadiens, tant la notion de nationalité est devenue complexe à appréhender, dans l'aéronautique comme ailleurs.

En effet, un produit technologique est d'abord un assemblage de milliers de composants venus des quatre coins du monde. Si l'on prend l'exemple du Boeing 787, assemblé à Everett aux États-Unis, pas moins de 43 entreprises différentes, réparties sur 135 sites, concourent à sa fabrication : la France pour les trains d'atterrissage, l'Italie pour une partie du fuselage, le Royaume-Uni pour les moteurs, le Japon pour les toilettes, etc. Environ 70 % des composants du Boeing 787 proviennent d'un pays autre que les États-Unis ! De même, dans le cas de l'iPhone d'Apple, 766 fournisseurs, situés dans 28 pays différents participent à sa fabrication. Une majorité d'entre eux sont en Chine mais on en trouve également au Japon, en Corée du Sud et même en France, sur des composants comme les processeurs, les mémoires Flash, les écrans et la batterie. Seulement 10 % des fournisseurs d'Apple sont localisés aux États-Unis.

Première conséquence : si l'on raisonne en valeur ajoutée, un produit n'a jamais une seule nationalité. Il a certes l'ADN du pays qui l'a conçu mais il est plus ou moins « made in the world ».

Seconde conséquence : la fragmentation de la production des composants se traduit par un véritable « commerce international des tâches » entre les pays. Il faut bien en effet, à un moment donné, que toutes les pièces du puzzle soient réunies en un seul lieu, à savoir une usine d'assemblage. L'assemblage d'un A220 à Mirabel va par exemple entraîner des exportations d'ailes, fabriquées à Dublin ou de pneumatiques, produits par Michelin à Bourges vers… le Canada. Ce commerce de composants, qui représente selon l'OMC 30 % du commerce mondial, rend complexe tout changement de localisation des usines d'assemblage : c'est l'ensemble de la chaîne logistique à travers le monde qui devrait alors être repensée.

Troisième conséquence : comme le montre la fameuse « courbe du sourire », énoncée en 1992 par le patron d'Acer, les étapes les plus créatrices de valeur ne sont pas dans l'assemblage. Elles se situent en amont, dans la R&D et la conception du produit, et en aval, dans les activités de vente, de marketing, de distribution et de services après-vente. Des étapes très intenses en travail qualifié. Dans le cas de l'A220, il y a fort à parier que ces étapes seront tôt ou tard intégrées au groupe Airbus et localisées… en Europe, notamment à Toulouse.

Chronique publiée dans L'Opinion le 31 Juillet 2019, à la suite de la polémique suscitée en France par l'achat par Air France d'avions fabriqués au Canada.

Made in France : des idées (reçues) et des chiffres

« Cocorico ! » pourrait-on s'exclamer en parcourant une étude de l'Insee[3], montrant que 81 % de la consommation des ménages français est constituée de « made in France ». Mais à y regarder de près, ce chiffre global masque une réalité beaucoup plus complexe qu'il n'y paraît. En effet, tout l'intérêt de la méthodologie statistique de l'Insee est de reposer sur une définition graduelle et non binaire du « made in France » : elle consiste à mesurer, pour chaque produit consommé, la proportion de valeur ajoutée domestique et celle qui est importée. Par exemple, si une chemise fabriquée en France utilise 14 % de fil provenant de Turquie et 36 % de tissu importé d'Inde, alors cette chemise sera considérée comme française à… 50 %.

Cette méthodologie conduit à interroger plusieurs idées reçues.

Première idée reçue : il y aurait des produits français et des produits qui ne le seraient pas. Au risque de décevoir les puristes, le produit 100 % « made in France » n'existe probablement pas : chaque produit incorpore une part plus ou moins grande de composants importés.

Seconde idée reçue : un produit français serait un produit de marque française, fabriqué par une entreprise ayant une attache historique dans notre pays. En réalité, la mesure du « made in France » retenue par l'Insee est indifférente à la nationalité de l'entreprise : par exemple, la Toyota Yaris, fabriquée à Valenciennes avec une forte valeur ajoutée domestique, est l'une des voitures les plus françaises, bien que la marque soit… japonaise.

3 INSEE Première (2019) « Le « made in France » : 81 % de la consommation totale des ménages, mais 36 % seulement de celle des biens manufacturés », n° 1756, 4 p.

Troisième idée reçue : les Français consommeraient majoritairement du « made in France » par patriotisme économique. En réalité, les 81 % de notre consommation de « made in France » s'expliquent par la structure de nos dépenses, qui est celle d'un pays riche : nous dépensons d'abord notre argent dans les services de logement (loyer), de transport, d'éducation ou de santé, plutôt que dans l'achat de produits alimentaires ou de vêtements. Or, les services ont comme caractéristique principale d'avoir un faible contenu en importations, à l'image de l'éducation.

Si l'on se focalise sur les seuls produits industriels, l'Insee nous révèle un tout autre tableau : la consommation de « made in France » est seulement de… 36 %. Cela revient à dire que les produits industriels que nous consommons sont constitués à 64 % d'importations ; ce chiffre monte à 87 % pour la consommation de vêtements ou de chaussures et dépasse même les 90 % pour les produits électroniques ! Plus encore, en dépit des appels répétés de nos décideurs politiques en faveur du « consommer français », le « made in France » est en recul de 2 points dans notre pays sur la période 2005/2015 et se situe en dessous de la moyenne de l'OCDE (85,5 %).

Quatrième idée reçue : le déclin de la consommation « made in France » s'expliquerait par la montée en puissance des importations chinoises. C'est en partie vrai mais l'Insee nous montre que le contenu importé des produits consommés en France provient d'abord d'Allemagne (13 %), loin devant la Chine (7,7 %). Ce résultat est assez cohérent avec la persistance d'un fort déficit commercial avec notre partenaire Outre Rhin, qui a atteint 17 milliards d'euros en 2017. Il témoigne en réalité du décrochage de notre compétitivité industrielle au sein même de l'Union européenne.

En matière de « made in », la lecture attentive de quelques statistiques en dit plus long que tous les discours.

Chronique publiée dans L'Opinion le 14 Juin 2019, à la suite de la publication d'une étude de l'INSEE sur le « Made in France ».

Commerce international : n'oublions pas les pays en développement

Les accords commerciaux ont le vent en poupe : après le Ceta et le Jefta, l'Europe a conclu deux nouveaux accords commerciaux, l'un avec le Mercosur, l'autre avec le Vietnam. D'autres sont en cours de négociation avec l'Australie et la Nouvelle-Zélande. Ces accords bilatéraux sont par principe discriminatoires puisque les baisses de droits de douane et autres mesures d'accès au marché ne profitent qu'aux deux signataires. Ils sont très éloignés de l'esprit du multilatéralisme, sur lequel est fondé l'OMC : le multilatéralisme repose en effet sur la « clause de la nation la plus favorisée », selon laquelle toute concession faite à un partenaire est automatiquement étendue à tous.

Les accords bilatéraux étant principalement signés entre pays riches – les pays du Nord commercent d'abord entre eux – ou avec des pays émergents, autant dire que les pays les moins avancés (PMA) risquent d'être les grands oubliés. En effet, compte tenu de l'asymétrie des enjeux commerciaux, il est peu probable qu'un pays riche s'engage dans une négociation avec un pays pauvre : le bilatéralisme est d'abord l'affaire des puissants et pays prometteurs.

Pourtant, les pays les moins avancés pourraient retirer un bénéfice d'une plus grande intégration au commerce mondial. En effet, les études empiriques[4] montrent que le commerce peut constituer un levier de sortie de la pauvreté, notamment en stimulant les exportations de produits agricoles et matières premières vers les pays du Nord. Mais encore faudrait-il qu'elles ne soient pas entravées par des pratiques de subvention à la production dans les pays riches, qui ont

4 Voir notamment : World Bank (2015) *The role of trade in ending poverty*, 80 p.

pour effet de déprimer les cours mondiaux. Dans les faits, l'accès des PMA au marché mondial reste marginal : ils représentent moins de 1 % des exportations et affichent un déficit commercial de 83 milliards de dollars avec le reste du monde en 2017. Dit en d'autres termes, ils importent nos produits mais exportent peu chez nous.

Pour que les pays pauvres fassent entendre leur voix dans le commerce mondial, la solution passe sans doute par le multilatéralisme, c'est-à-dire… l'OMC. N'oublions pas en effet que, sur les 164 membres de l'Organisation mondiale du commerce, 36 sont des PMA. Ils peuvent bénéficier des retombées d'un accord général, former des coalitions, pour tenter de peser dans les négociations : à l'OMC prévaut la décision par consensus et la règle « 1 pays = 1 voix ». Sur certains sujets vitaux, l'OMC a d'ailleurs permis des avancées majeures en faveur des PMA : par exemple, alors que l'OMC exige que ses membres respectent la propriété intellectuelle, un amendement de 2003 a autorisé les pays pauvres à importer des versions génériques de certains médicaments essentiels sous brevet. Une avancée majeure dans la lutte contre le VIH, la tuberculose ou le paludisme.

Mais pour le plus grand malheur des pays les plus pauvres, l'OMC est aujourd'hui à l'arrêt : le cycle de Doha, lancé en 2001, n'a toujours pas abouti et les chances d'un accord apparaissent bien minces. Voilà au moins une bonne raison de souhaiter le retour de l'OMC sur le devant de la scène : à la différence du bilatéralisme, le multilatéralisme laisse une toute petite place… aux oubliés du commerce mondial.

Chronique publiée dans L'Opinion le 9 Juillet 2019, à la suite de la conclusion par l'Union Européenne de deux accords de libre-échange.

OMC : redonner du sens au libre-échange

Depuis le 1er septembre 2020, l'Organisation Mondiale du Commerce n'a plus de capitaine, à la suite de la démission de Roberto Azevêdo. À vrai dire, l'OMC n'avait pas besoin de ce nouveau coup dur, alors même qu'elle est déjà affaiblie depuis plusieurs années. En effet, les négociations multilatérales sont au point mort depuis… 20 ans, le cycle lancé à Doha en 2001 n'ayant pas abouti jusqu'à présent. Quant à la fonction d'arbitre des différents commerciaux, elle est entravée depuis 1 an, les États-Unis bloquant la nomination de juges auprès du tribunal d'appel de l'Organe de Règlement des Différends.

Le paradoxe est que l'OMC, héritière de l'accord du GATT de 1947, est victime de son immense succès. Que l'on en juge plutôt : le multilatéralisme est passé d'un club de 23 pays riches à 164 membres, représentant plus de 90 % du commerce mondial et composé pour l'essentiel de pays en développement. Le multilatéralisme repose sur la belle idée de la « clause de la nation la plus favorisée » : toute réduction de droit de douane accordée à un partenaire est automatiquement étendue à tous les autres ; pas de discrimination entre les membres ! Le GATT puis l'OMC ont réussi à faire passer les droits de douane de 40 % à 4 % : grâce à ce désarmement tarifaire, le commerce international a fortement progressé en 70 ans, contribuant à la croissance et au rattrapage de nombreux pays émergents.

Pourtant, l'OMC et, à travers elle, la doctrine du libre-échange sont aujourd'hui sévèrement contestées. La cause fondamentale réside dans un déficit d'explication et de légitimation. Nous avons libéralisé le commerce international sans en faire la pédagogie.

Qui a véritablement conscience des gains de l'échange dans sa vie quotidienne ? Ils sont puissants mais souvent invisibles, bénéficiant à des millions de consommateurs. On ne comprend jamais aussi bien ces gains que lorsque l'on chiffre la facture d'un retour au protectionnisme. Ainsi, selon une simulation du CEPII[5], si la France se protégeait massivement des pays émergents, le surcoût annuel par ménage serait compris entre 1 270 euros et 3 620 euros, soit 6 et 18 % du revenu médian des Français.

Qui a véritablement conscience que le commerce international n'est pas seulement une machine à détruire des emplois dans les secteurs touchés par les importations mais qu'il en créé également dans les secteurs exportateurs ? En effet, les pays qui importent le plus sont aussi ceux qui exportent le plus. Ainsi, l'économiste Feenstra[6] a montré, dans le cas américain, que les 2 millions d'emplois détruits dans l'industrie au cours de la période 1995/2011 à cause du « choc chinois », avaient été plus que compensés par des créations d'emplois à l'exportation, notamment dans les services.

Mais surtout, qui a véritablement conscience que le commerce international peut profiter à tous, dès lors que les pays mènent des politiques redistributives et d'accompagnement en direction des perdants ? Il s'agit là d'un débat essentiel aujourd'hui. Si elle veut retrouver un rôle central, l'OMC va devoir expliquer demain que l'on peut conjuguer ouverture au commerce et justice sociale. Faute de quoi, les pays ne résisteront pas au mirage du protectionnisme.

Chronique publiée dans L'Opinion le 2 Septembre 2020, à la suite de la démission du directeur général de l'OMC.

5 La lettre du CEPII (2013) « Not made in France », n° 333, 4 p.

6 R. Feenstra, A. Sasahara (2017) « The 'China Shock', Exports and U.S. Employment: A Global Input-Output Analysis", *NBER Working paper* n° 24022, 60 P.

Chapitre 2

L'illusion protectionniste, encore et toujours

Le protectionnisme a constitué un instrument essentiel de la politique économique américaine sous le mandat du président Donald Trump, parfois affublé du surnom de « Tariff Man ». L'objectif affiché était de favoriser la production et l'emploi domestiques américains, au détriment des importations chinoises. Peine perdue : le protectionnisme de Donald Trump, pas plus que celui de ses prédécesseurs, n'a permis d'aboutir aux résultats escomptés.

En premier lieu, les mesures protectionnistes ont été aisément contournées par les exportateurs étrangers : quand on empêche les produits de se déplacer, ce sont les usines qui bougent. Le contournement a pris une forme indirecte, via un pays tiers dont les importations ne sont pas taxées par les États-Unis, ou d'un contournement direct : les entreprises visées se sont implantées directement sur le marché américain (« *Tu te protèges ? je te contourne !* »).

En second lieu, le protectionnisme repose sur l'hypothèse selon laquelle le partenaire étranger, visé par les mesures tarifaires, va rester les bras croisés. Mais une telle supposition est irréaliste, comme le montre la théorie des jeux : si un pays décide de se protéger, la meilleure réponse de son partenaire sera de riposter en se protégeant à son tour. Tout le gain anticipé du protectionnisme sera réduit à néant. Les Français l'ont appris à leur dépens, lorsqu'ils ont annoncé leur projet de taxer de manière unilatéralement les GAFA : les États-Unis ont aussitôt réagi en annonçant de lourdes taxes sur les vins français (« *Taxer sur le vin contre taxe Gafa : un peu de théorie des jeux* »).

Au-delà de son effectivité douteuse, le protectionnisme est un instrument coûteux pour celui qui le met en œuvre. Ainsi, dans le cas des droits de douane sur les importations de machine à laver, une étude économique sur le secteur des machines à laver, lourdement taxées à l'importation, a conclut que l'addition a été salée pour les consommateurs américains, sans que beaucoup d'emplois aient été sauvés (« *La petite leçon des machines à laver* »). Une approche économique plus globale parvient à un résultat encore plus redoutable : si l'on tient compte des effets indirects, le protectionnisme mis en place depuis 2017 par Donald Trump a détruit de l'emploi aux États-Unis ! (« *Un mauvais calcul pour l'emploi domestique* »).

Si l'arrivée au pouvoir de Joe Biden en 2021 marque une inflexion dans le style – moins direct et agressif – vis-à-vis des partenaires commerciaux, il serait hâtif d'en conclure que le nouveau président américain remet en cause le virage protectionniste de son prédécesseur. À cet égard, l'un des premiers décrets signés par Joe Biden a consisté à renforcer le Buy American Act, un texte protectionniste… qui ne dit pas vraiment son nom (« *Buy American Act : un protectionnisme qui cache son nom* »).

Tu te protèges ? je te contourne !

La nouvelle salve de droits de douane annoncés par Donald Trump à l'encontre des importations chinoises risque de faire des victimes parmi les… entreprises américaines, qui font assembler leurs produits en Chine avant de les exporter aux États-Unis. Certaines d'entre elles ont toutefois décidé de réagir, en allant s'implanter ailleurs : après Apple, qui va déplacer une partie de sa production d'iPhone de Chine vers le Vietnam et l'Inde, c'est au tour de Google d'annoncer le transfert de sa production de smartphones Pixels et de Google Home vers le Vietnam et la Thaïlande. Quand on empêche les produits de se déplacer, ce sont les usines qui bougent.

Dans le cas de Google et d'Apple, il s'agit d'un contournement indirect, via un pays tiers dont les importations ne sont pas taxées par les États-Unis. Ce contournement est d'autant plus aisé que l'activité est peu intense en travail qualifié : il s'agit pour l'essentiel de déplacer des usines tournevis, très intenses en travail peu qualifié, d'un pays émergent à l'autre. Cette stratégie a été observée à de multiples reprises dans le passé : lors de la guerre des panneaux solaires en 2012, les États-Unis ont imposé des droits antidumping à l'encontre des producteurs chinois ; ces derniers ont aussitôt réagi en implantant leurs usines dans des pays tiers. Résultat : en 2018, près de 60 % des importations américaines de panneaux solaires viennent de Malaisie, de Corée du Sud ou du Vietnam. Les Américains importent toujours autant de panneaux solaires qu'auparavant, sans percevoir les taxes douanières anticipées. Objectif doublement raté.

Une autre stratégie, plus offensive, consiste pour les entreprises à s'implanter directement dans le pays qui se protège. Cette stratégie de « tariff jumping » est surtout mise en œuvre par des entreprises de pays émergents. Elle est d'autant plus probable que l'activité déplacée nécessite peu de main d'œuvre, compte tenu du coût du travail dans les pays riches : il s'agit pour l'essentiel d'usines d'assemblage. Une telle stratégie de contournement direct a été observée aux États-Unis : en février 2018, à la suite de la mise en place de taxes de 30 % sur les importations de panneaux solaires en provenance de Chine, l'un des leaders chinois du secteur, JinkoSolar, a annoncé qu'il allait implanter une unité de production sur le sol américain. On pourrait objecter que le « tariffjumping » a le mérite de créer des emplois localement ; en réalité, les unités d'assemblage sont ultra-automatisées et nécessitent peu de main d'œuvre, tandis que le transfert de compétences et de technologies est quasi inexistant.

Pire encore : l'implantation d'un concurrent étranger sur le marché domestique lui permet de mieux connaître le marché local et le rend encore plus redoutable. C'est exactement ce qui s'est passé aux États-Unis durant les années 1980 : sous la pression d'Harley Davidson, les Américains ont mis en place des quotas sur les importations de motos japonaises. Honda et Kawasaki ont réagi en augmentant leur présence sur le sol américain, conduisant à une concurrence accrue avec… Harley Davidson. Ironie du sort : c'est Harley Davidson elle-même qui demandera la levée des mesures protectionnistes en 1987, voyant la part de marché des Japonais progresser trop rapidement aux États-Unis.

Moralité : le protectionnisme est une politique qui ne produit souvent pas les effets espérés et peut même engendrer de nombreux effets pervers. Il faut donc y recourir avec prudence et parcimonie. Tout l'inverse de ce que fait Donald Trump.

Chronique publiée dans L'Opinion le 2 Septembre 2019, à la suite de l'annonce par les États-Unis de nouveaux droits de douane à l'encontre de la Chine.

Taxe sur le vin contre taxe GAFA : un peu de théorie des jeux

Donald Trump a réitéré sa menace de taxer les vins français « comme ils ne l'ont jamais vu. » À vrai dire, la réaction du président américain était tout sauf imprévisible : à partir du moment où la France a décidé d'appliquer unilatéralement une taxe sur les Gafa – sans doute légitime dans son principe, la meilleure riposte de Trump était d'attaquer en imposant à son tour des taxes sur des produits français emblématiques. La réponse du berger à la bergère en quelque sorte. Trump ne fait qu'appliquer les principes de base de… la théorie des jeux dont la pertinence se vérifie chaque jour en géopolitique comme dans le business.

Comme pour le jeu d'échec, la théorie des jeux consiste à se demander, à chaque fois que l'on prend une décision, quelle sera la meilleure réponse de son partenaire / adversaire : par exemple, si un pays A décide de se protéger contre un pays B, il est quasi certain que la meilleure réponse de B sera de riposter en se protégeant à son tour. Tout le gain anticipé du protectionnisme sera alors réduit à néant : ce que le pays A a gagné en diminution des importations sera compensé par une perte de débouchés à l'exportation vers B. C'est exactement ce qui s'est passé dans la guerre commerciale entre les Etats-Unis et la Chine : le déficit commercial américain avec la Chine, qui devait être réduit grâce au protectionnisme, a atteint un niveau record de 419 milliards de dollars en 2018, notamment parce que les exportations américaines vers la Chine ont chuté. Un bel exemple d'échec annoncé.

Ce qui vaut pour le commerce international vaut pour toute décision prise dans un contexte d'interaction. Prenons l'exemple des stratégies de fusion-acquisitions. Une entreprise A peut vouloir racheter B, dans le but de handicaper ses concurrents C et D, en obtenant une taille critique plus grande. Mais c'est oublier que les concurrents C et D ne vont pas rester les bras croisés : ils vont réagir en fusionnant à leur tour et tout le gain anticipé de la première fusion sera annulé. Pire encore : la concurrence entre deux géants, au lieu de quatre petites entreprises, deviendra encore plus redoutable ! En économie comme ailleurs, le bon réflexe consiste toujours, avant de prendre une décision, à se mettre dans la peau de l'autre et à se demander qu'elle sera sa meilleure réaction.

La théorie des jeux nous apprend aussi que la fonction principale d'une menace est de favoriser la paix, dès lors qu'elle est perçue comme crédible par l'adversaire : si je suis convaincu que si je lance la guerre, il ripostera en faisant de même, alors je préfère ne pas lancer les hostilités. La crédibilité de la menace dépend de multiples facteurs, et notamment de son ampleur : une menace disproportionnée peut être rationnelle. La phrase de Donald Trump sur le vin français prend alors tout son sens : il entend taxer les Français « comme ils ne l'ont jamais vu ». Elle dépend aussi de la réputation de celui qui la met en œuvre : est-il quelqu'un qui bluffe ou qui a l'habitude de mettre à exécution ses menaces lorsqu'on lui résiste ? Une manière de le savoir est d'observer ce qu'il a fait dans le passé envers d'autres adversaires. C'est exactement le cas actuel : au vu de ce qu'a fait Trump avec la Chine, il était assez crédible qu'il fasse de même avec la France. Trump a acquis la réputation d'un « dur » dans les négociations et il serait donc judicieux d'en tenir compte, lorsque nous prenons des décisions. Cela nous éviterait des déconvenues assez… prévisibles.

Chronique publiée dans L'Opinion le 26 Août 2019, à la suite de l'annonce par Donald Trump d'une taxe sur les vins français.

La petite leçon des machines à laver

Le 5 mai 2019, au travers de deux tweets cinglants, le président américain a annoncé un relèvement des droits de douane de 10 % à 25 % sur les 250 milliards de dollars d'importations chinoises déjà taxés et la perspective de droits de douane sur les 325 milliards restant. Donald Trump a justifié sa politique, en arguant que le coût des tarifs douaniers était supporté principalement par la Chine et que les mesures protectionnistes prises depuis 2017 expliquaient en partie la prospérité américaine actuelle.

Cette double affirmation mérite d'être fortement relativisée, pour ne pas dire contredite, pour peu que l'on suive un raisonnement économique.

Notons d'emblée que le président américain commet une erreur de raisonnement assez classique, en confondant concomitance et causalité : s'il est vrai que l'économie américaine connaît aujourd'hui une situation très favorable, rien ne prouve que les mesures protectionnistes en soient la cause. Le seul moyen de le savoir est d'imaginer ce qui se serait passé si les États-Unis n'avaient pas eu recours au protectionnisme : ce scénario, qualifié de « contre factuel » permet seul de comparer ce qui est observé avec un référentiel théorique. On ne peut exclure que le scénario contre factuel aboutisse à la conclusion que la croissance américaine aurait été encore plus forte si des taxes douanières n'avaient pas été imposées.

C'est précisément ce que montre une étude conduite par trois économistes de l'Université de Chicago et de la FED[7]. Ils ont analysé les effets des taxes imposées par Donald Trump en janvier 2018 sur les machines à laver, à la suite d'une plainte de Whirlpool. Leur résultat

7 A. Hortacsu, F. Tintelnot, A. Flaaen (2019) "The Production, Relocation, and Price Effects of US Trade Policy: The Case of Washing Machines", *Becker Friedman Institute for Economics*, Working Paper No. 2019-61, 65 p

principal est que le prix des machines a augmenté de 12 % aux États-Unis. Trois mécanismes expliquent ce résultat. Tout d'abord, les producteurs localisés en Asie n'ont pas diminué leur prix pour « absorber » la taxe et maintenir le prix final inchangé ; ils ont au contraire reporté les hausses de prix sur les consommateurs américains, allant même au-delà d'un taux de répercussion de 100 % (de 107 à 226 %). Ensuite, les producteurs de machine à laver localisés sur le sol américain – qui sont en situation d'oligopole – en ont profité pour augmenter leurs prix, puisqu'ils sont désormais protégés des importations par une taxe. Enfin, comme les Américains achètent souvent en même temps une machine à laver et un sèche-linge, les producteurs en ont profité pour augmenter le prix des sèche-linge.

L'addition finale pour les consommateurs américains est salée : en 2018, ils ont surpayé 1,5 milliard de dollars, soit 86 dollars de plus par machine à laver et 92 dollars par sèche-linge. De son côté, le gouvernement américain a récolté de modestes taxes douanières – seulement 82 millions de dollars – dans la mesure où la production est essentiellement localisée aux États-Unis (y compris sous la forme de filiales d'entreprises… asiatiques). Certes, grâce aux droits de douane, les producteurs localisés aux États-Unis ont pu augmenter leurs ventes et leurs profits, ce qui a permis de sauvegarder 1 800 emplois sur le sol américain. Une bonne nouvelle ? Pas vraiment : 1 800 emplois sauvés pour 1,5 milliard de dollars, cela fait un coût par emploi sauvé de 67 900 dollars par mois. Question efficacité, on a vu mieux. Les calculs froids des économistes ont sans doute moins de panache que les tweets enflammés de « Tariff Man » ; mais ils ont au moins le mérite de rappeler quelques vérités utiles. Celle des chiffres.

Chronique publiée dans L'Opinion le 13 Mai 2019, à la suite de la publication d'une étude sur les effets du protectionnisme aux États-Unis.

Un mauvais calcul pour l'emploi domestique

En guide de cadeau de Noël au président Trump, la Réserve Fédérale a publié une étude empirique très intéressante sur les effets du protectionnisme américain sur l'emploi[8]. Par la voix de deux de ses économistes, Aaron Flaaen et Justin Pierce, elle tente de répondre à une question aussi simple à poser que complexe à résoudre : quel est l'impact global sur l'emploi du protectionnisme mis en place depuis 2018 par le président Trump ? La question posée est un peu différente de celle usuellement étudiée par les économistes, qui consiste à calculer un « coût par emploi sauvé ».

Le but n'est alors pas de contester le fait que le protectionnisme sauve des emplois : il s'agit plutôt de montrer que cet instrument n'est pas efficace économiquement car il coûte très cher à la collectivité, et notamment aux consommateurs qui voient leur pouvoir d'achat diminuer. Les résultats de ces études empiriques sont désormais assez connus et conduisent à un même verdict : cela coûte très cher ! 814 000 dollars par an pour garder un emploi dans l'industrie des machines à laver et même 900 000 dollars par an dans le cas des pneumatiques.

L'étude de la FED va plus loin et entend démontrer que si l'on prend en compte les effets directs mais aussi indirects, l'effet global du protectionnisme sur l'emploi peut devenir négatif. Le premier effet direct est favorable à l'emploi : en effet, une industrie qui est protégée par des droits de douane va produire plus, dans la mesure où les clients vont substituer des produits domestiques à des produits importés.

8 A. Flaaen, J. Pierce (2019) "Disentangling the Effects of the 2018-2019 Tariffs on a Globally Connected U.S. Manufacturing Sector", *Working paper*, Board of Governors of the Federal Reserve System

Des emplois vont donc être créés grâce à la protection douanière. Cet effet de substitution en faveur de la production locale aurait conduit, dans les 76 industries étudiées par les auteurs, à un effet positif sur l'emploi de l'ordre de 0,3 %.

Mais un second effet, indirect, doit être pris en compte : les taxes douanières imposées par Trump sur les produits chinois visent tout particulièrement des produits intermédiaires comme l'aluminium ou les semi-conducteurs. Or, ces intrants sont utilisés par d'autres producteurs américains, qui voient leur coût de production augmenter. Par exemple, dans le cas de l'aluminium, les coûts de production des entreprises américaines fabricants des plaques d'aluminium ont augmenté de 17,6 % à cause des droits de douane sur l'aluminium chinois. Cette hausse des coûts les a conduits à diminuer leur niveau de production et donc à licencier. Selon les deux auteurs, cet effet négatif aurait diminué l'emploi de 1,1 %.

Un troisième effet va jouer : face au protectionnisme américain, les Chinois ont adopté des mesures de représailles. Les entreprises américaines exportant vers la Chine ont donc vu leurs débouchés se réduire et ont ajusté à la baisse le niveau de l'emploi. Cet effet, également négatif, est estimé à – 0,7 %. Le bilan final du protectionnisme sur l'emploi est alors simple à faire puisqu'il se résume à une addition : + 0,3 – 1,1 – 0,7 = – 1,5 %. Dit en d'autres termes, le protectionnisme américain mis en place depuis 2017 a détruit de l'emploi aux États-Unis.

Mais pourquoi personne ne s'inquiète-t-il vraiment de ces mauvais résultats ? Parce que le taux de chômage est très bas aux États-Unis (3,5 %). Mais il serait faux de penser que le protectionnisme y est pour quelque chose. Bien au contraire.

Chronique publiée dans L'Opinion le 2 Janvier 2020, à la suite de la publication d'une étude de la FED sur les effets du protectionnisme américain sur l'emploi domestique.

Buy American Act : un protectionnisme qui cache son nom

Depuis son investiture, Joe Biden affiche clairement son ancrage réformiste et keynésien, au travers d'une ambitieuse politique de relance et de lutte contre la précarité, en rupture avec celle de son prédécesseur. Pour autant, il serait hâtif d'en conclure que ce virage porte sur tous les aspects de la politique économique américaine. En particulier, la continuité entre les deux présidents apparaît particulièrement forte sur le front du protectionnisme : Joe Biden reste fidèle à la ligne définie par Donald Trump dès 2016 avec son slogan du « Buy American ». Certes, le ton est moins direct et agressif vis-à-vis des partenaires commerciaux mais, sur le fond, on relèvera que l'un des premiers décrets signés par Joe Biden, le 25 janvier 2021, a consisté à renforcer le Buy American Act.

De quoi s'agit-il exactement ? Le Buy American Act, promulgué en 1933 par Hoover, prévoit que les administrations fédérales privilégient, lors de leurs appels d'offres, des produits américains. Ce texte contenait toutefois plusieurs lacunes et exemptions, permettant aux administrations de le contourner. Désormais, pour être qualifié d'américain, le produit final devra incorporer au moins 55 % de composants fabriqués sur le sol américain.

De plus, le Buy American Act renforcé permettra à l'administration de choisir une entreprise américaine, même si le prix de sa prestation est 20 % plus élevé que celui de son concurrent étranger, alors que ce surprix était jusqu'ici limité à + 6 %.

Quel pourrait être l'effet d'une telle politique ? Une étude du Peterson Institute[9] a estimé, avant même le renforcement du texte en 2021,

9 G. Hufbauer, E. Jung (2020) "The high taxpayer cost of 'saving' US jobs through 'Made in America' *Working paper Peterson Institute for International Economics*".

l'impact du Buy American Act sur l'économie américaine : les résultats ne sont à vrai dire guère convaincants. Les auteurs relèvent tout d'abord que les achats des administrations américaines, fédérales comme locales, sont d'un montant assez impressionnant : 1 809 milliards de dollars en 2017. Ce chiffre se compose de 1 674 milliards d'achats domestiques et de 136 milliards d'importations.

En second lieu, les auteurs montrent qu'en l'absence du Buy American Act, le niveau des importations aurait été supérieur de 68 milliards. En troisième lieu, l'étude montre que cette politique conduit à augmenter le prix d'achat des administrations de 5,6 %, ce qui s'est traduit par une facture supplémentaire de 94 milliards de dollars. On pourrait se rassurer en se disant que ce surcoût payé par l'administration – et in fine par le contribuable – a permis en contrepartie de sauver des emplois aux États-Unis ; c'est d'ailleurs l'argument mis en avant par Donald Trump puis Joe Biden. Selon l'étude du Peterson Institute, 358 360 emplois auraient été sauvés, notamment dans le secteur du bâtiment. Une simple règle de trois permet alors de savoir combien coûte chaque année le fait de sauver un emploi avec cet instrument : il suffit de diviser 94 milliards par 358 360. Cela fait un coût annuel de 250 000 dollars par emploi sauvé.

Autant dire que le « Buy American Act » a les mêmes effets qu'une politique protectionniste classique : il équivaut en réalité à imposer un droit de douane, qui fait monter les prix et sauve des emplois à un coût élevé pour le contribuable américain. Le renforcer risque d'amplifier ce coût demain.

Chronique publiée dans L'Opinion le 14 avril 2021, à la suite de la signature d'un décret américain renforçant le Buy American Act.

Chapitre 3

Les voies (étroites) de la souveraineté économique

La notion de souveraineté économique est aujourd'hui mobilisée par de nombreux décideurs politiques, sans que son contenu ne soit clairement explicité. Or, il s'agit d'une notion à géométrie variable. Dans son acception maximaliste, elle revient à préconiser le retour à un protectionnisme massif, dont nous avons montré dans le chapitre 2 les limites et effets indésirables. Faut-il abandonner pour autant toute idée de souveraineté économique ? Pas forcément, mais à condition de lui donner un sens très étroit.

En premier lieu, une politique de souveraineté peut consister à mieux contrôler les investissements étrangers lorsque les intérêts stratégiques du pays sont en jeu, en particulier en matière de sécurité nationale. Mais une telle politique doit rester très encadrée et ne pas devenir un prétexte à un interventionnisme généralisé et discrétionnaire, qui risque d'entrainer de nombreux effets indésirables. À cet égard, l'évolution de la politique française de contrôle des investissements étrangers nous semble avoir largement débordé de son cadre légitime (« *Contrôle des investissements étrangers : ne pas trop en faire* »).

En second lieu, il peut être judicieux de favoriser la relocalisation de quelques productions ciblées mais à condition, à nouveau, de se doter d'une doctrine claire : quel objectif voulons-nous poursuivre ? Si le but est par exemple de ne plus être captif d'une seule source d'approvisionnement étrangère, alors il suffit de diversifier nos importations (« *Relocaliser avec prudence et mesure* »). Avant de relocaliser, il est nécessaire de mener une analyse très fine, en se demandant quels sont les produits critiques que nous voulons relocaliser (« *Relocaliser : oui mais quels produits ?* »).

En dernier lieu, une politique de souveraineté peut consister à reconquérir des avantages comparatifs dans des secteurs où nous sommes en retard : elle s'apparente alors à une politique industrielle de rattrapage technologique, à l'image de ce que l'Europe est en train de faire dans le domaine des supercalculateurs. Mais le succès d'une politique de rattrapage est soumis à de nombreuses conditions. En particulier, si le rythme de l'innovation est très soutenu, il est périlleux de vouloir rattraper : on risque d'avoir toujours un train de retard (« *Souveraineté industrielle : rattrape-moi si tu peux* »). De même, une politique de rattrapage ne consiste pas à vouloir tout produire mais à se focaliser sur des produits stratégiques. Le cas des semi-conducteurs est à cet égard très parlant : une politique d'autonomie vise à devenir incontournable sur un maillon de la chaine de valeur, avec comme objectif ultime de rendre les autres pays… aussi dépendants que nous (« *Semi-conducteurs : la difficile quête de l'autonomie européenne* »).

À cet égard, une erreur souvent commise consiste à opposer politique de concurrence et politique industrielle. En réalité, les deux politiques sont assez complémentaires. Tout d'abord, une politique industrielle qui cibler des secteurs « stratégiques » ne peut réussir que si l'on maintient une forte concurrence, pour stimuler l'innovation et l'efficacité économique.

Il serait dangereux de désigner à l'avance un « champion », en lui octroyant d'emblée un monopole (« *Politique industrielle : mettre une dose de concurrence* »). Ensuite, il serait hasardeux de se priver de la politique de concurrence, qui est à sa manière une forme minimaliste de politique industrielle : en luttant contre les abus de position dominante et les ententes, elle participe au maintien de la compétitivité de l'industrie européenne (« *La politique de concurrence est aussi une politique industrielle* »).

Contrôle des investissements étrangers : ne pas trop en faire

La notion de souveraineté économique doit-elle inclure le contrôle des investissements étrangers dans les secteurs stratégiques ? Sans doute, mais à condition de conserver une acception étroite de ce qui est stratégique pour un pays. On en est aujourd'hui assez éloigné en France : depuis le décret Villepin (2005), la liste des secteurs stratégiques n'a cessé de s'allonger, au point de contenir aujourd'hui beaucoup d'activités. Quand tout devient stratégique, plus rien ne l'est vraiment. Plus fondamentalement, dresser une liste, c'est faire une distinction entre des activités supposées « stratégiques » et d'autres qui ne le seraient pas ou plus. Doit-on par exemple conclure que l'industrie automobile ou du luxe – qui ne figurent pas sur la liste – ne sont pas importantes pour notre pays ? En ce sens, la liste des secteurs ne paraît pas la bonne approche.

Quels sont les risques d'un contrôle trop élargi des investissements étrangers ?

Un risque juridique tout d'abord. À partir du moment où le contour de ce qui est stratégique est très large, la discrétion de la décision politique se substitue à la règle de droit, qui a le mérite de la prévisibilité. Sur quels critères précis le rachat d'une entreprise française par un actionnaire étranger sera-t-il bloqué ? Est-ce la taille de l'entreprise, son nombre de salariés, la configuration de la concurrence dans le secteur, le poids de son empreinte locale ? On ne le sait pas vraiment.

Un risque réputationnel ensuite. Le message subliminal qui est véhiculé est qu'un actionnaire étranger privé serait a priori moins bien intentionné qu'un actionnaire français. En quoi un actionnaire privé brésilien, canadien ou indien serait-il moins avisé ou vertueux qu'un français ? À vrai dire, il n'y a pas de mauvais actionnaires étrangers, il y a juste de bons et de mauvais projets d'actionnaires. La vraie question est de savoir si le nouvel actionnaire a une vision claire et ambitieuse du développement de l'entreprise.

Un risque de représailles enfin. Si nous refusons aux étrangers le droit de racheter nos entreprises, pourquoi ne feraient-ils pas de même avec nous ? Cela pourrait nous coûter très cher au final. N'oublions pas que les entreprises françaises sont assez conquérantes dans le rachat d'acteurs étrangers ; par exemple, Alstom a racheté en 2020 Bombardier Transport, une entreprise… canadienne. Attention à l'effet boomerang : nos entreprises risquent d'être entravées demain dans leur développement mondial.

Sans renoncer à tout contrôle sur les investissements étrangers, il faut toutefois revenir à l'esprit originel du contrôle : l'article L 151-3 du Code monétaire et financier instaure un principe général de contrôle pour les « activités de nature à porter atteinte à l'ordre public, à la sécurité publique ou aux intérêts de la défense nationale ». On est ici dans le domaine du régalien. Par exemple, on peut comprendre que l'État puisse bloquer le rachat d'une PME dont les technologies sont critiques sur le plan militaire.

Il faut également se pencher sur la nature de l'actionnaire étranger : est-il le bras armé d'un État étranger ? Bénéficie-t-il de subventions publiques qui facilitent l'acquisition ? Dans ce cas, il est assez logique qu'un gouvernement s'inquiète : on peut en effet craindre qu'un État étranger ne se cache derrière une opération de rachat, avec le but de renforcer par exemple les capacités technologiques du pays dans des domaines touchant à la sécurité nationale.

Interview publiée dans L'Opinion le 18 janvier 2021, à la suite de la publication d'une étude à la Fondapol sur la souveraineté économique[10].

10 E. Combe, S. Guillou (2021) *Souveraineté économique : entre ambitions et réalités*, Note de la Fondapol

Relocaliser, avec prudence et mesure

« Relocaliser » : voilà un terme qui revient souvent dans le débat public depuis le début de la crise du Covid-19. Cette unanimité de la classe politique sur la nécessité de relocaliser fait lui-même écho à une attente forte des Français : selon un sondage Odoxa, une écrasante majorité (92 %) d'entre eux est favorable à « la relocalisation des entreprises industrielles françaises ». Il est vrai que la crise du Covid-19 a mis en relief notre forte dépendance à l'importation sur des produits clés tels que les masques, respirateurs, tests et composants pharmaceutiques. Pour autant, une politique de relocalisation doit être menée avec prudence et mesure.

Tout d'abord, relocaliser suppose que de nombreuses entreprises françaises aient quitté le territoire, pour aller produire ailleurs. Les statistiques nous montrent que les délocalisations restent en réalité un phénomène assez limité : selon l'Insee, entre 2014 et 2016, 2 % des PME ont délocalisé des activités et 2,6 % l'ont envisagé… sans le faire.

En second lieu, pour relocaliser une production, encore faut-il qu'elle existe. Ce n'est pas toujours le cas : dans certains secteurs, nous n'avons tout simplement pas ou peu de producteurs au niveau français. Si l'on prend l'exemple des respirateurs, Air Liquide produit déjà en France, à Antony et à Pau mais la majorité des fabricants sont allemand, américain, suisse ou suédois. Dans de nombreux secteurs, ce dont souffre la France ce n'est pas de délocalisations massives mais de l'absence de base industrielle.

En troisième lieu, la relocalisation suppose un acte politique par lequel les pouvoirs publics incitent ou contraignent des entreprises à revenir sur le sol français. Mais c'est oublier que certaines d'entre elles vont revenir de leur plein gré, notamment grâce à la robotisation des lignes de production, pour accroître leur réactivité ou surfer sur l'image du « made in France ». Une politique de relocalisation, fondée par exemple sur des incitations fiscales, risque de créer un effet d'aubaine, en attirant aussi les entreprises qui seraient de toutes les façons revenues.

En quatrième lieu, la relocalisation ne se décrète pas : elle suppose de réorganiser les chaînes de valeur, ce qui prend du temps. Elle engendre des coûts pour les entreprises mais aussi… pour les consommateurs, qui devront accepter de payer plus cher. Ce surcoût sera d'autant plus élevé que les actions ne seront pas coordonnées en Europe : si chacun relocalise dans son propre pays, les économies d'échelle seront d'autant plus limitées.

En dernier lieu, il nous faut bien identifier le but principal poursuivi par la relocalisation. S'il s'agit avant tout de disposer de stocks suffisants de certains produits, alors il faut constituer régulièrement des stocks après la crise, en achetant sur les marchés mondiaux. Si le but est de ne plus être captifs d'une seule source d'approvisionnement étrangère, alors il faut diversifier nos importations, en identifiant tous les pays qui fabriquent le produit. Si notre but principal est d'être vraiment autosuffisant, alors il nous faut produire nous-même, ce qui est assez différent de relocaliser des productions qui n'existent parfois pas. Ce n'est plus une politique de relocalisation, c'est une politique industrielle. C'est un autre sujet, d'une tout autre ampleur.

Chronique publiée dans L'Opinion le 20 avril 2020, dans un contexte de débat sur les relocalisations en France.

Relocaliser : oui, mais quels produits ?

Le thème de la relocalisation de produits stratégiques s'est imposé dans le débat public, à l'occasion de la crise du Covid-19. Si l'on part du principe que tout relocaliser en France ou en Europe n'est pas une option réaliste, il va falloir faire des choix de produits. Selon quels critères devons-nous agir ?

Une étude publiée par le cabinet PWC et le Conseil national des achats vient apporter des éléments de réponse intéressants, en identifiant quatre filières à forte criticité, pour lesquels une relocalisation de la production serait souhaitable : la santé, l'agroalimentaire, l'électronique et les industries de process et d'assemblage. L'intérêt principal de l'étude est de descendre au sein de chaque filière, pour identifier des catégories précises de produits : par exemple, dans le cas de la pharmacie, les médicaments pour le diabète, certains antibiotiques, les vitamines, des substances comme le curare, les robots chirurgiens, les réactifs de diagnostic sont considérés comme prioritaires.

On peut toutefois s'interroger sur la méthodologie utilisée par l'étude pour identifier les produits à relocaliser prioritairement.

En premier lieu, l'étude part d'une analyse des soldes de la balance commerciale française, à partir desquels est construit un indice de « criticité » des importations. L'idée sous-jacente est que plus la part des importations extra-Union européenne est forte et en progression pour un produit, plus nous sommes dans une situation « critique » vis-à-vis de l'extérieur. Cette approche revient à considérer que le fait d'importer massivement un produit nous rend dépendant ; mais la dépendance se définit plutôt comme le fait d'être à la merci d'un seul pays fournisseur (ou d'une seule entreprise) et de ne pouvoir en changer rapidement. Par exemple, en matière de médicaments, importer massivement de Chine ne nous rend pas forcément dépendant si l'on peut remplacer rapidement les importations chinoises par des importations indiennes ou brésiliennes. On peut aussi considérer que l'importation massive de produits ne rend pas dépendant si nous pouvons diversifier nos sources d'approvisionnement. Si l'Europe décidait demain de nouer des contrats de long terme pour l'approvisionnement en masques chirurgicaux avec une dizaine de grandes entreprises implantées dans des pays différents, le risque de dépendance serait assez faible.

En second lieu, l'étude PWC se place prioritairement dans une optique de demande : le fort niveau des importations pour chaque produit témoigne du fait qu'ils sont très consommés en France. Mais il ne suffit pas d'avoir un besoin à satisfaire pour pouvoir relocaliser ; il faut également analyser les conditions d'offre : avons-nous les compétences et la structure de coût adaptée pour pouvoir faire nous-mêmes le produit importé ?

Dans l'électronique, le cas des semi-conducteurs est à cet égard instructif : il s'agit certes de produits essentiels mais, à l'exception de quelques entreprises comme STMicroelectonics, Infineon ou ASML, l'Europe a depuis longtemps cédé le leadership à la Corée du Sud, à Taiwan, au Japon et aux États-Unis. Même avec une politique volontariste, revenir dans la course technologique prendra du temps et coûtera très cher ; sans compter que nous risquons d'avoir toujours une bataille de retard. Ne vaut-il pas mieux dans ce cas investir massivement dans des innovations de rupture, plutôt que de vouloir faire à tout prix du rattrapage technologique ?

Chronique publiée dans L'Opinion le 15 juillet 2020, à la suite de la publication d'une étude de PWC sur les relocalisations.

Souveraineté industrielle : rattrape-moi (si tu peux)

L'Europe vient d'annoncer qu'elle mettait 8 milliards d'euros sur la table pour le déploiement de supercalculateurs d'ici 2022. Il s'agit d'ordinateurs très puissants, permettant de réaliser des calculs à haute performance et utilisés notamment dans la recherche médicale ou les simulations numériques. Au travers de cette annonce, l'Europe entend combler son retard dans la course aux supercalculateurs, largement dominée jusqu'ici par la Chine, les États-Unis et le Japon. Seul le français Atos, qui a racheté Bull, existe véritablement sur ce marché en Europe.

Au-delà du cas des supercalculateurs, la nouvelle Commission multiplie depuis peu les initiatives pour que l'Europe retrouve une forme de « souveraineté numérique ». Cette politique s'apparente à ce que l'on appelle parfois en économie une politique de « rattrapage technologique ». Elle repose sur l'idée selon laquelle un soutien public temporaire peut permettre à une industrie en retard de revenir dans la course, en particulier lorsqu'il y a des « économies d'expérience ». Dans certains secteurs, plus une entreprise produit depuis longtemps, plus elle a acquis de l'expérience dans la manière de produire, ce qui lui permet d'avoir un coût unitaire plus bas. À l'inverse, une entreprise entrée après les autres est pénalisée par le fait qu'elle n'a pas encore accumulé d'expérience : son coût unitaire est donc plus élevé que celui de ses concurrents. Il est donc nécessaire de la subventionner, le temps qu'elle descende le long de la courbe d'expérience. Un raisonnement similaire peut être fait avec les économies d'échelle et de réseau.

Mais le succès d'une politique de rattrapage est soumis à conditions.

En premier lieu, si le rythme de l'innovation est très soutenu, il est périlleux de vouloir rattraper la frontière existante : on risque d'avoir toujours un train de retard. Il vaut mieux pratiquer la stratégie du « saute-mouton », en se positionnant sur la prochaine génération d'innovations.

En second lieu, les pouvoirs publics doivent annoncer clairement dès le départ que l'aide sera temporaire. Le risque est sinon que les entreprises, anticipant la possibilité d'une prorogation des aides, soient moins incitées à être efficaces. De même, si la politique de rattrapage ne donne pas les résultats escomptés, le décideur doit accepter de stopper un programme.

En troisième lieu, l'industrie protégée doit être soumise à une concurrence interne, sur le marché ou pour le marché : il faut éviter les situations de *« picking winners »,* dans lesquelles les pouvoirs publics désignent à l'avance l'entreprise à qui incombera la mission d'opérer le rattrapage technologique.

En quatrième lieu, outre un soutien financier, il est nécessaire que les pouvoirs publics initient une dynamique de la demande, dans la mesure où les clients potentiels risquent d'être attentistes et préfèreront rester à court terme avec leurs fournisseurs non européens. Les pouvoirs publics ont ici un rôle essentiel à jouer, celui de donner une impulsion au marché, notamment par le biais de la commande publique.

En dernier lieu, une politique de rattrapage implique un coût à court terme pour la collectivité en termes de finances publiques. Ce coût d'opportunité est le prix à payer pour disposer d'une forme de souveraineté sur des biens et services jugés « stratégiques ». Il est important que les citoyens en aient bien conscience.

Chronique publiée dans L'Opinion le 23 septembre 2020, alors que la Commission européenne a annoncé un investissement de 8 milliards d'euros dans les supercalculateurs.

Semi-conducteurs : la difficile quête de l'autonomie européenne

La Commission a publié sa feuille de route pour rendre l'économie européenne plus « autonome » en matière technologique. Parmi les annonces figure l'ambition de fabriquer en Europe d'ici 2030 20 % de la production mondiale de semi-conducteurs. Le succès de cette politique d'autonomie suppose au préalable de répondre à plusieurs questions.

En premier lieu, quelle est la cause de la pénurie actuelle de semi-conducteurs ? Elle réside dans le fait que la demande mondiale a augmenté plus rapidement que l'offre, notamment avec l'essor du travail à distance. Comme les capacités de production ne peuvent croître que lentement – construire une nouvelle usine de semi-conducteurs prend du temps – il en résulte une forte tension sur les prix. L'enjeu est donc d'inciter les « fondeurs » – ces entreprises qui produisent les puces de ceux qui les conçoivent – à investir dans de nouvelles usines. On pourrait penser qu'ils vont naturellement le faire, compte tenu de la hausse des prix ; mais ils peuvent craindre également que la croissance des capacités ne conduise à terme à un retournement cyclique du marché et donc à… une baisse des prix, au moins sur certains composants. L'objectif d'une politique de sécurisation des approvisionnements est d'inciter une fonderie à investir dans des capacités en Europe.

En second lieu, à qui confier ces nouvelles capacités de production en Europe ? L'efficacité recommande de faire appel aux leaders du marché qui bénéficient déjà d'une forte expérience dans le domaine de la fonderie. On pense aussitôt au taiwanais TSMC, au coréen Samsung ou à l'américain Globalfoundries, déjà présent en Allemagne.

On voit ici tout le paradoxe d'une politique d'autonomie axée sur la production : elle consiste à court terme à attirer sur le sol européen des investisseurs étrangers.

En troisième lieu, est-on certain qu'une usine de TSMC ou Samsung localisée en Europe nous garantira une plus grande « autonomie » ? Un fondeur peut tout à faire produire demain des semi-conducteurs chez nous et les exporter finalement aux États-Unis, si le prix y est plus attractif. Il faudra donc sécuriser les contrats, en prévoyant des clauses de priorité. On peut certes imaginer que l'Europe puisse, en cas d'urgence, réquisitionner la production… mais cette seule possibilité risque de dissuader les investisseurs étrangers de venir.

En dernier lieu, le but d'une politique d'autonomie est-il de produire des semi-conducteurs en Europe ou plutôt de se focaliser sur la conception de nouveaux composants stratégiques ? Dans ce second cas, la politique industrielle consiste moins à investir dans des usines qu'à miser massivement sur la R&D. Une autre option serait de continuer à investir sur le segment de la chaine de valeur où nous sommes déjà les plus en avance : comme le souligne une étude de P. A. Hyppolite pour la Fondapol[11], tel est le cas des équipements les plus à la pointe dans la fabrication de puces, où l'Europe est bien positionnée avec une entreprise comme ASML. Une politique d'autonomie vise alors à devenir incontournable sur un maillon stratégique de la chaine de valeur, avec comme objectif ultime de rendre les autres pays… aussi dépendants que nous le sommes. L'autonomie ressemble alors une dépendance réciproque.

Chronique publiée dans L'Opinion le 30 mars 2021, alors que la Commission européenne a publié sa feuille de route sur l'autonomie stratégique.

11 P. A. Hippolyte (2020), *Relocaliser la production après la pandémie ?* Note Fondapol.

Politique industrielle : mettre une dose de concurrence

La crise du Covid-19 aura eu au moins une vertu, celle d'accélérer les débats en Europe sur des sujets essentiels comme la politique industrielle : il s'agit d'un véritable serpent de mer, débattu en France depuis le rapport Beffa-Crome en 2013 et remis à l'honneur en 2019 par Bruno Le Maire et Peter Altmaier, à la suite de l'interdiction de la fusion entre Siemens et Alstom. Mais peu de choses concrètes ont vu véritablement le jour jusqu'ici, si ce n'est le lancement de « l'Airbus des batteries » et du plan Nano. La crise du Covid-19 pourrait toutefois conduire l'Europe, au-delà du soutien massif aux entreprises en difficultés, à franchir demain un pas décisif.

Il ne faudrait toutefois pas considérer, comme on l'entend trop souvent en France, que cette politique industrielle doit se construire aux dépens de la politique de concurrence.

Rappelons tout d'abord que la politique de concurrence est, à sa manière, une forme minimaliste de politique industrielle. Par exemple, en luttant contre les cartels, la politique antitrust met fin à des pratiques qui portent le plus souvent sur des produits intermédiaires, ce qui pénalise la compétitivité d'autres entreprises. De même, lorsque les autorités de concurrence s'attaquent aux abus de position dominante de géants comme Google ou Qualcomm, elles évitent que des concurrents prometteurs ne soient exclus du marché.

Mais surtout, la concurrence et la politique de concurrence sont des outils essentiels pour assurer la réussite d'une politique industrielle volontariste. Ainsi, à la suite de la crise du Covid-19, l'Europe va sans doute vouloir retrouver une certaine « souveraineté économique » : l'enjeu sera alors de reconstituer des avantages comparatifs dans des secteurs où nous sommes aujourd'hui trop dépendants des importations, à l'image de l'industrie du médicament.

En pratique, cette politique industrielle consistera à cibler des secteurs jugés « stratégiques » et à les protéger du reste du monde pour leur permettre de rattraper leurs concurrents non européens. Cette politique ne peut toutefois réussir que si l'on maintient une forte concurrence à l'intérieur du marché européen, pour stimuler l'innovation et l'efficacité économique. Il serait dangereux de désigner à l'avance un « champion », en lui octroyant d'emblée un monopole. Le monopole temporaire doit être le résultat d'une compétition féroce entre entreprises et non une rente octroyée dès le départ.

Pour s'en convaincre, on peut se tourner vers le Japon et sa politique industrielle volontariste, mise en œuvre durant les années 1960/70 : des secteurs comme l'automobile ou les produits électroniques avaient été désignés comme prioritaires pour préparer l'avenir. Pour atteindre cet objectif, le gouvernement japonais, aidé du puissant MITI, avait fermé le marché domestique, tout en misant sur une forte concurrence interne entre les entreprises… japonaises.

Dans l'automobile par exemple, ce sont pas moins de huit constructeurs qui s'affrontent depuis cinquante ans au Japon, avec le succès technologique et commercial que l'on connaît. Une certaine dose de protectionnisme vis-à-vis du reste du monde n'est pas antinomique avec une forte concurrence interne. Politique industrielle et politique de concurrence se complètent en réalité assez bien.

Chronique publiée dans L'Opinion le 19 mai 2020, dans un contexte de débat sur la politique de concurrence européenne.

La politique de concurrence est aussi une politique industrielle

« Faute politique », erreur économique » : les critiques à l'encontre de la politique européenne de concurrence pleuvent depuis la décision d'interdire le rapprochement entre Siemens et Alstom. En bref, il est reproché à Bruxelles de jouer contre les intérêts industriels de l'Europe.

Une autre décision de la Commission, passée largement inaperçue, vient pourtant relativiser la pertinence d'un tel discours. Il s'agit d'une affaire antitrust portant sur des pratiques d'entente sur les prix : le 5 mars, la Commission a infligé 368 millions d'euros à plusieurs entreprises accusées de s'être entendues sur le prix des ceintures de sécurité, des airbags et des volants de direction en Europe. Les participants à l'entente sont une entreprise suédoise, Autoliv, le japonais Takeda et l'américain TRW.

Premier enseignement de cette affaire : les victimes directes de l'entente sont des industriels et non des consommateurs (même si une partie du surprix a pu être ensuite reportée sur eux). Il s'agit de clients européens comme Volkswagen et BMW, qui achètent des équipements de sécurité pour les intégrer à leurs véhicules. Au-delà de ce cas particulier, il est fréquent que les cartels se forment sur des marchés de produits intermédiaires : une étude empirique sur les cartels condamnés par la Commission au cours de la période 1969-2009 a ainsi montré que plus des deux tiers des cartels ont pris place dans des secteurs tels que la métallurgie, la chimie, la fabrication de machines et d'équipements ou les matériaux. Autant dire qu'en mettant fin à ces ententes sur des inputs, l'action de Bruxelles agit en faveur de la compétitivité des entreprises.

Second enseignement de cette affaire : deux des trois auteurs de la pratique ne sont pas européens. Le droit de la concurrence nous protège ainsi contre des pratiques illicites menées sur notre territoire par des entreprises étrangères : il est une arme dans la mondialisation et non, comme on l'entend souvent, un talon d'Achille. Dans la même veine, lorsque la Commission condamne en 2017 Google à 2,4 milliards d'euros pour avoir abusé de sa position dominante sur Google search et avantagé illégalement Google shopping, elle permet à des entreprises européennes de comparateurs de prix comme Kelkoo, Liligo ou Twenga de retrouver un peu d'air face au géant américain.

Cette dimension protectrice de la politique de concurrence se retrouve également en matière de mariage d'entreprises : la Commission a par exemple bloqué en 2002 le projet de fusion entre General Electric et Honeywell, deux géants américains, au motif qu'elle risquait de porter atteinte à la concurrence… en Europe. Face au refus européen, General Electric et Honeywell avaient d'ailleurs renoncé à leur projet au niveau mondial.

Si la politique de concurrence européenne n'est pas exempte de critiques, il est toutefois erroné de lui faire porter la responsabilité de notre déficit de compétitivité industrielle. Elle n'est pas responsable de l'absence de politique d'innovation ambitieuse en Europe. En luttant contre les pratiques anti-concurrentielles, elle participe plutôt, à sa mesure, à la défense de nos intérêts industriels.

Chronique publiée dans L'Opinion le 14 mars 2019, à la suite de l'interdiction de la fusion Siemens/Alstom par la Commission européenne.

Chapitre 4

Climat : aller au-delà des (bons) sentiments

Alors que les rapports du GIEC se font chaque année plus alarmants sur les dangers du réchauffement climatique, l'analyse économique fournit une solution simple et efficace pour modifier nos comportements de manière vertueuse : donner un prix à la pollution, en instaurant la fameuse « taxe carbone ». La grande majorité des économistes est unanime sur la pertinence d'un tel instrument et certains pays nordiques l'ont d'ailleurs mis en application avec succès dès les années 1990 (« *Transition énergétique : leçons venues du Nord* »).

Pourtant, force est de constater qu'en pratique, l'idée d'une fiscalité carbone a beaucoup de mal à s'imposer dans le débat public et dans les faits. Une étude de l'OCDE a ainsi dressé un état des lieux alarmant sur l'avancement de la fiscalité climatique : rien n'a vraiment changé dans le monde, en dépit des engagements pris lors de l'accord de Paris (« *Fiscalité climatique : rien n'a (vraiment) changé* »).

Le cas de la France est à cet égard révélateur : depuis la révolte des Gilets Jaunes en 2019, toute velléité de relever le niveau de la taxe carbone est vouée à un échec certain. Le gouvernement français n'a eu d'autre choix que de miser sur d'autres instruments, en confiant notamment à une Convention citoyenne pour le climat le soin de faire des propositions innovantes. Cette méthode a eu le mérite d'être inclusive mais le résultat laisse assez perplexe : les propositions font peu de place au raisonnement économique et se résument pour l'essentiel à des injonctions (« *Climat : ne pas oublier le raisonnement économique* »). Cette approche qui fait fi de l'analyse économique se retrouve dans le projet de loi « Climat et résilience », qui consiste en une série de mesures qui relèvent de l'auto-régulation, de l'information ou de l'interdiction (« *Loi climat : mais il est où Pigou ?* »).

Au-delà du cas français, la lutte contre le changement climatique suppose également une coordination internationale, pour éviter que chaque pays ne fasse « cavalier seul », en laissant le soin aux autres pays de réduire les émissions. Comme le souligne le prix Nobel Jean Tirole, la solution efficace passe par la mise en place d'une taxe carbone au niveau mondial, avec un système de punition pour les pays qui ne l'appliqueraient pas (« *Cop-25 : échange produits contre engagement climatique* »). L'Europe a fait un pas dans cette direction, avec son projet de « taxe carbone aux frontières ». L'idée est de taxer les importations qui ne respecteraient pas les exigences que s'impose l'Europe en matière climatique. Elle risque toutefois de se heurter à un effet boomerang au sein même de l'Europe : dès lors que l'on met en place une taxe aux frontières, tous les producteurs européens doivent eux aussi « payer pour pouvoir polluer » (« *La taxe carbone revient par la fenêtre de l'Europe* »).

Transition énergétique : leçons venues du Nord

Décidément, les pays nordiques ont beaucoup à nous apprendre. Nous les connaissions déjà pour leur système vertueux de flexi-sécurité, qui protège les personnes plus que les emplois. Ils sont également devenus en 15 ans les champions du monde de la transition énergétique, comme le souligne une étude de la DG Trésor[12]. Un seul chiffre suffit à s'en convaincre : les énergies renouvelables représentaient en 2019 entre 43 % et 78 % de leur consommation finale d'énergie, contre 19 % en moyenne dans l'Union Européenne. Certains d'entre eux, à l'image de la Suède, ont même dépassé les objectifs qu'ils s'étaient assignés. Quels sont les ressorts d'une telle réussite ?

En premier lieu, les pays nordiques n'ont pas tremblé en faisant usage de la fiscalité climatique. La taxe carbone, introduite dès les années 1990, a été fixée à des niveaux très ambitieux et avec une trajectoire claire, dans le but explicite d'envoyer un signal prix aux acteurs économiques et de changer leurs comportements : elle atteint aujourd'hui 114 €/tonne en Suède ; un pays comme la Norvège envisage même de tripler son niveau d'ici 2030 pour atteindre 192 €/tonne. Cet usage intensif de la taxe carbone s'est accompagné de mesures en faveur des ménages les plus modestes et de ceux qui résident en zone rurale : cela nous montre qu'une fiscalité verte ambitieuse est politiquement possible, dès lors qu'elle tient compte de l'impératif de justice sociale.

En second lieu, au-delà de la seule taxe, les pays nordiques ont misé sur l'innovation verte. On peut citer des mesures assez classiques de subvention aux biocarburants routiers ou pour l'achat de voitures

12 DG Trésor (2021) « Les stratégies nordiques pour le climat », *Trésor Eco* n° 285, 12 p.

électriques. Mais certains projets vont plus loin et s'apparentent à une véritable politique industrielle : ainsi, la Suède entend électrifier 2 000 km de routes d'ici 2030, qui permettront aux véhicules de se recharger tout en roulant. Ces innovations sont elles-mêmes portées par un écosystème financier qui oriente l'épargne des ménages vers des produits verts.

En troisième lieu, les pays nordiques se distinguent par la cohérence d'ensemble de leur politique de transition énergétique : tous les secteurs d'activité participent à l'effort collectif et il n'y a pas de passe-droit. Le contraste est ici saisissant avec un pays comme la France, qui mène simultanément une politique volontariste en faveur du climat, tout en maintenant des niches fiscales. Ainsi, une étude du I4CE[13] montre que, si les dépenses publiques en faveur du climat ont doublé depuis 10 ans dans notre pays, pour atteindre 30 milliards d'euros en 2021, nous continuons toujours à subventionner des énergies polluantes, pour un montant total de 16 milliards d'euros chaque année. Face à cette politique contradictoire, le message global ne peut que perdre en cohérence et lisibilité.

Si l'expérience des pays du Nord n'est pas transposable en tant que telle aux autres pays d'Europe, elle vient toutefois nous rappeler les grands principes qui permettent de réussir sa transition énergétique : miser sur les incitations via la taxe carbone et les subventions à l'innovation ; garder le cap de la justice sociale ; et surtout, mener une politique transversale : comme le climat est l'affaire de tous, chacun doit y contribuer à sa mesure.

Chronique publiée dans L'Opinion le 14 juin 2021, suite aux annonces d'un Green Deal européen.

13 I4CE (2021) « Climat : retour sur 10 ans de dépenses de l'État », 21 p.

Fiscalité climatique : rien n'a (vraiment) changé

À l'heure où se déroule à New York le sommet de l'ONU pour le climat, l'OCDE s'invite dans le débat, en publiant un état des lieux sur l'avancement de la fiscalité climatique dans 44 pays. Le constat est plutôt inquiétant : à l'exception de quelques bons élèves comme la Suisse ou les Pays-Bas, la plupart des pays n'ont pas de politique fiscale à la hauteur des enjeux.

Premier constat : le niveau de la taxe carbone n'est pas uniforme selon les différentes sources d'énergie. La taxe est par exemple très élevée sur des produits comme l'essence – de l'ordre de 85 euros la tonne de CO2 – mais proche de zéro pour le charbon, qui est pourtant l'un des combustibles les plus polluants.

Second constat : tous les secteurs d'activité ne sont pas couverts par la taxe. Ainsi, les émissions de CO2 non routières ne sont quasiment jamais taxées, alors qu'elles représentent 85 % du total. Par exemple, les émissions polluantes résultant du transport aérien et maritime international ne sont pas soumises à une taxation environnementale.

Troisième constat : le niveau de taxation reste souvent insuffisant. Dans le cas des émissions non routières, les rares taxes restent en dessous de la valeur de référence de 30 euros la tonne, qui constitue pourtant une valeur basse. Si la France ne figure pas parmi les pires élèves – à savoir les États-Unis ou la Russie – son taux moyen de taxation se situe à 15 euros, soit la moitié de la valeur de référence.

Dernier constat : rien ne change vraiment en matière de fiscalité climatique, en dépit des engagements pris lors de l'accord de Paris. Les pays qui ont fait le plus de progrès depuis 2015 sont déjà ceux qui étaient les plus vertueux, à l'image des pays nordiques. Ceux qui ne faisaient pas grand-chose en 2015 restent toujours à la traîne aujourd'hui.

Face à ce déprimant constat, l'OCDE ne désespère pas et rappelle les conditions d'une fiscalité verte réussie. Tout d'abord, elle ne doit pas être un moyen déguisé de faire rentrer de nouvelles recettes dans les caisses de l'État : elle a comme objectif d'envoyer un signal prix clair aux acteurs économiques pour qu'ils changent leurs comportements dans un sens plus vertueux. La fiscalité verte doit donc venir remplacer d'autres impôts.

Ensuite, comme il s'agit d'une fiscalité incitative, la taxe carbone se traduira nécessairement à terme par une diminution des recettes puisque les agents vont modifier leur comportement. Il est nécessaire de communiquer dès à présent sur une trajectoire d'augmentation de la taxe carbone et d'en expliquer le fondement : si les taux augmentent, c'est justement parce que la politique de substitution des énergies porte ses fruits.

Enfin, la fiscalité verte doit prêter une attention particulière à ses effets redistributifs : les plus vulnérables ne doivent pas se retrouver dans une situation plus défavorable qu'avant la taxe. Elle doit donc s'accompagner d'une politique volontariste de transferts directs à destination des ménages et des entreprises qui sont les plus dépendants à l'égard des biens et services fortement carbonés.

L'enjeu majeur d'une politique environnementale n'est plus aujourd'hui de savoir ce qu'il faut faire et avec quels instruments : les économistes ont depuis longtemps montré la voie, celle de la fiscalité verte. L'enjeu est celui de son acceptabilité sociale par tous les citoyens, ce qui nécessitera demain un grand effort de pédagogie.

Chronique publiée dans L'Opinion le 24 septembre 2019, suite au sommet de l'ONU pour le climat.

Climat : ne pas oublier le raisonnement économique

Après huit mois de travail, la Convention citoyenne pour le climat a rendu ses propositions au gouvernement. Il faut d'emblée se réjouir de la méthode retenue : 150 citoyens tirés au sort et aidés par des présentations d'experts ont décidé collectivement de ce qui leur paraissait important de faire pour diminuer d'au moins 40 % les émissions de gaz à effet de serre d'ici 2030. Cette méthode inclusive a permis une forme d'appropriation par la population d'un sujet majeur pour notre avenir. Pour autant, si certaines propositions sont intéressantes, le résultat d'ensemble laisse assez perplexe.

Tout d'abord, bien qu'elle soit organisée autour de cinq thématiques principales, les propositions ressemblent à une liste à la Prévert, mettant sur le même plan des mesures générales telles « qu'accompagner l'évolution du numérique pour réduire ses impacts environnementaux » et des mesures très précises telles « qu'imposer un suivi régulier de la formation des chauffeurs à l'écoconduite ». Il manque à la fois une hiérarchisation des mesures et un fil conducteur qui donne une vision d'ensemble.

Plus fondamentalement, la lecture des propositions frappe par le faible recours à l'analyse économique. Cette caractéristique est sans doute le reflet de la faible appétence des Français pour la culture économique.

Première illustration : lorsqu'une mesure est énoncée, elle ne fait pas l'objet d'une vraie analyse coût/bénéfice. Ainsi, la réduction de la vitesse sur les autoroutes à 110 km/h diminue certes les émissions de CO2 mais engendre aussi un coût pour la collectivité, qui ne se réduit pas à « un allongement des temps de trajet [...] entre quatre et huit minutes par heure ». Réduire la vitesse augmente les coûts de production, ce qui va avoir un impact sur les prix ou les marges.

Seconde illustration : les propositions prennent souvent la forme d'injonctions. « Rendre obligatoire », « imposer », « obliger », « interdire » sont des termes qui reviennent souvent. Une telle approche est assez différente de celle préconisée par les économistes : pour changer les comportements des ménages comme des entreprises, les économistes misent plutôt sur le signal des prix. Ainsi, lorsque que l'on veut réduire une consommation ou une production, il faut taxer, parfois très fortement. À l'inverse, lorsque l'on veut encourager un type de consommation ou de production, on doit mettre en place une subvention, qui n'est rien d'autre qu'une taxe négative. Bref, pour les économistes, l'impératif écologique passe plus par les incitations que les injonctions ou interdictions.

Dernière illustration : les propositions se limitent au niveau franco-français, alors même que l'efficacité finale de l'action publique en matière de pollution dépend largement de la coordination des comportements entre les pays. On notera toutefois que les citoyens ont évoqué ce sujet dans une « note de synthèse relative aux orientations », ajoutée au rapport final. Ils y préconisent l'imposition d'une « taxe aux frontières », idée chère aux économistes, reprise dans un rapport de l'Institut Montaigne sous l'angle du « dividende carbone »[14]. C'est peut-être un moyen discret et subtil de remettre sur la table le sujet explosif de la taxe carbone… grand absent des propositions de la Convention citoyenne.

Chronique publiée dans L'Opinion le 23 juin 2020, à la suite de la remise au gouvernement des conclusions de la Convention citoyenne pour le climat.

14 E. Chaney (2020) « Dividende carbone : une carte à jouer pour l'Europe », *Note de l'Institut Montaigne*, 44 p.

Loi climat : mais il est où Pigou ?

À l'heure où l'Assemblée nationale examine le projet de loi « Climat et résilience », on peut se réjouir que les sujets environnementaux reviennent au premier plan de l'agenda politique. Pour autant, si l'on pose un regard d'économiste, on reste dubitatif sur la panoplie des outils proposés : la pédagogie, l'autorégulation, l'interdiction.

Du côté de la pédagogie, on peut citer la mise en place d'un « score carbone » affiché sur certains produits ; l'idée est que le consommateur prenne conscience, lorsqu'il achète un produit, de son empreinte carbone et qu'il se dirige le cas échéant vers d'autres produits moins polluants. L'intention est louable mais n'est-il pas naïf de penser qu'une bonne information suffira à changer les comportements ? Une taxe aurait été autrement plus incitative, en envoyant un signal clair : si vous voulez acheter des produits à forte émission de CO2, alors vous paierez beaucoup plus cher. Les consommateurs auraient vite compris leur intérêt.

Second outil : l'autorégulation, à l'image des acteurs de la publicité, qui vont élaborer un code de bonne conduite. À nouveau, l'intention est louable mais les expériences passées montrent que la logique des engagements donne souvent des résultats peu ambitieux. Cela provient du fait que les acteurs n'ont pas tous les mêmes intérêts et vont donc s'accorder sur le plus petit dénominateur commun. Ce risque est particulièrement vrai pour la publicité : il s'agit d'une activité transversale qui rassemble des annonceurs n'ayant pas la même exposition à la pollution.

Qui plus est, la vérification externe des engagements est un exercice difficile, qui suppose que les indicateurs soient clairs et non contournables. Elle n'a de sens que si elle est assortie de sanctions dissuasives en cas de manquement. À nouveau, une taxe sur la publicité pour des produits à fortes émissions de CO2 aurait été simple et efficace pour modifier le comportement des acteurs.

Troisième outil : les interdictions, à l'image de la suppression des vols intérieurs pour lesquels existe un substitut ferroviaire en moins de deux heures trente. On pourrait se rassurer en se disant que l'interdiction permet d'atteindre avec certitude l'objectif de réduction des émissions. C'est vrai. Mais interdire une activité a aussi un coût qui doit être mis dans la balance : dans le cas de l'avion, on diminue certes les émissions de CO2 mais on ne peut exclure une hausse du prix des billets de train, puisqu'un concurrent aura disparu du marché. De plus, est-on certain que les clients de l'avion vont se reporter sur le train plutôt que sur… la voiture ? À nouveau, une taxe sur les billets d'avion aurait envoyé aux clients un signal clair.

Bref, l'outil préféré des économistes pour remédier aux externalités négatives, à savoir la taxe, est bien peu présent dans le projet de loi. On comprend politiquement pourquoi : après l'épisode des Gilets jaunes, la notion même de taxe est devenue un chiffon rouge. Mais c'est dommage économiquement : pensée il y a maintenant un siècle par Pigou, la taxe a le mérite de la simplicité et de l'efficacité. Pour changer durablement les comportements, elle joue moins sur les bonnes intentions et l'interdiction que sur l'intérêt bien compris des acteurs, en leur envoyant un signal au travers du prix.

Chronique publiée dans L'Opinion le 11 mars 2021, à l'occasion de l'examen par le Parlement du projet de loi « Climat et résilience ».

COP-25 : échange produits contre engagement climatique

Alors que se déroule à Madrid la COP25, force est de constater qu'en dépit des engagements pris lors des précédentes COP, les émissions de CO2 n'ont pas diminué et ont même augmenté, conduisant aujourd'hui à préconiser un effort de 8 % en lieu et place des 4 % demandés lors de la conférence de Paris en 2015. À vrai dire, cette situation décevante était assez prévisible, compte tenu de la nature du problème à résoudre.

En effet, la lutte contre le réchauffement climatique s'apparente à ce que les économistes appellent un « bien collectif » : s'il est collectivement avantageux de réduire les émissions polluantes, chaque pays a individuellement intérêt à faire « cavalier seul » ou à se comporter en « passager clandestin », en laissant le soin aux autres pays de réduire les émissions. Il en retirera tous les bénéfices, sans en supporter les coûts. Cette situation est aggravée dans le cas du climat par trois facteurs.

Tout d'abord, l'accord de la COP rassemble 195 pays qui représentent presque 7 milliards d'individus : il est toujours plus facile de ne pas respecter ses engagements lorsque l'on est très nombreux. L'expérience montre que les accords qui tiennent leurs promesses sont souvent des accords conclus en petit nombre, à un échelon local.

En second lieu, le pays qui se montrera exemplaire dans la lutte contre le réchauffement climatique risque d'être pénalisé par des comportements de « fuite de carbone » : les entreprises polluantes quitteront le pays vertueux pour aller s'installer dans des pays moins regardant sur le sujet. En dernier lieu, dans le cas de la COP, les engagements des pays ne sont assortis d'aucun mécanisme crédible de sanction : ils reposent sur des promesses et la seule sanction est celle du « name and shame », dont l'efficacité est pour le moins discutable.

La proposition de la Commission en faveur d'un « Green New deal » qui fixerait comme objectif une neutralité carbone à horizon 2050 est certes une bonne initiative mais elle ne résout pas la question du « passager clandestin » au niveau mondial. Le fait que l'Europe fasse de véritables efforts n'engage en rien les autres pays. On constate d'ailleurs que les États-Unis, second pollueur au monde, viennent de confirmer leur volonté de quitter la COP et leur départ pourrait être effectif en novembre 2020.

Faut-il pour autant désespérer de toute possibilité d'action collective globale, en matière de lutte contre le réchauffement climatique ? Sans doute pas, mais à condition de s'en donner véritablement les moyens. Comme le souligne le prix Nobel Jean Tirole, la solution efficace passe par la mise en place d'une taxe carbone au niveau mondial[15]. Pour éviter les comportements de passager clandestin, un système de punition devra être mis en place : le pays qui n'appliquera pas la taxe carbone sera pénalisé par les autres. Par exemple, les pays « vertueux » pourraient être autorisés, dans le cadre de l'OMC, à mettre en place des droits de douane à l'encontre des produits provenant de pays « non vertueux ». Le fait de ne pas respecter les normes de pollution serait ainsi considéré comme une forme de concurrence déloyale, autorisant les pays « vertueux » à se protéger. Après les droits anti-dumping et les droits anti-subventions, reconnus sous certaines conditions par l'OMC, il y aurait un nouvel instrument de protection légitime : les droits anti-pollution.

Chronique publiée dans L'Opinion le 3 décembre 2019, à la suite de la tenue de la Cop25 à Madrid.

15 Voir notamment : J. Tirole (2016) « Carbon Pricing for a Climate Coalition », 10 p.

La taxe carbone revient par la fenêtre de l'Europe

Depuis l'épisode des Gilets Jaunes, la notion même de taxe carbone est devenue pour les décideurs politiques français un véritable chiffon rouge à ne pas agiter. Le terme de « taxe » a d'ailleurs disparu de notre vocabulaire législatif, remplacé par celui plus positif de « contribution ».

Si le sujet de la taxe carbone se fait discret sur la scène politique nationale, il n'en va pas de même au niveau européen : le Parlement vient en effet de donner son feu vert au projet de « taxe carbone aux frontières ». Un projet porté depuis longtemps par… la France. De quoi s'agit-il exactement ?

L'idée est de taxer les importations qui ne respecteraient pas les exigences que s'impose l'Europe en matière climatique. En effet, une partie des entreprises localisées en Europe paie déjà pour émettre du CO2, en achetant des permis d'émission sur le marché du carbone, ce qui augmente leurs coûts de production. Si l'on renforce les exigences environnementales en Europe, comme cela est prévu par le Green deal, le risque est que, d'une part, les consommateurs se détournent des produits fabriqués en Europe, plus chers, pour aller vers des importations en provenance de pays peu regardant en matière environnementale. Et que, d'autre part, les entreprises européennes fortement émettrices de gaz à effet de serre soient incitées à se délocaliser hors d'Europe : on assistera à des phénomènes de « fuite de carbone ». La taxe aux frontières vise précisément à lutter contre ce « dumping climatique » et à rétablir des conditions de concurrence équitables.

Lancée par Jacques Chirac en 1995, l'idée a été systématisée en 2015 par le Prix Nobel d'économie William Nordhaus[16]. Le principe est de créer un « club » des pays vertueux, qui appliqueront tous la même politique climatique et se protégeront des mauvais élèves, c'est-à-dire des pays hors du club, qui se comportent en « passager clandestin ».

L'idée est séduisante dans son principe mais si l'Europe veut jouer demain ce rôle de « club » de 27 pays vertueux, elle va devoir surmonter deux obstacles majeurs.

Le premier est externe : des pays comme les États-Unis ou la Chine pourraient réagir par des représailles commerciales. Tout l'enjeu est de leur montrer que cette taxe est conforme aux règles de l'Organisation mondiale du commerce : elle doit être proportionnée à l'objectif de lutte contre l'effet de serre et ne pas se transformer en simple outil protectionniste. Dit en d'autres termes, si un produit chinois respecte les mêmes contraintes environnementales que son équivalent européen, il ne doit pas être taxé. S'il est taxé au nom du climat, ce doit être dans les mêmes proportions que le produit européen.

Le second obstacle est interne à l'Europe : dès lors que l'on met en place une taxe aux frontières, tous les producteurs européens doivent eux aussi « payer pour pouvoir polluer », en achetant des permis d'émission. Ce n'est pas encore le cas : 40 % du total des quotas d'émission sont attribués gratuitement en Europe. L'enjeu majeur est donc de réduire progressivement ces exemptions sectorielles, notamment dans l'industrie. Paradoxalement, le débat sur la taxe carbone pourrait bien marquer demain son grand retour dans le débat français, par le biais de… l'Europe.

Chronique publiée dans L'Opinion le 18 mars 2021, à la suite de l'annonce par la Commission européenne d'un projet de taxe aux frontières.

16 W. Nordhaus (2015) "Climate Clubs: Overcoming Free-Riding in International Climate Policy", *American Economic Review*, vol 105, N° 4, pp. 1339-70

Chapitre 5

Entreprises : à la recherche du pouvoir de marché

La science économique considère que l'objectif premier – sinon ultime – de toute entreprise est d'abord de réaliser un profit : l'enjeu est de vendre plus cher ses produits que cela ne coûte de les fabriquer. Le « pouvoir de marché » mesure justement cette capacité d'une entreprise à accroitre les prix sans perdre de clients. Quelles stratégies peuvent permettre à une entreprise d'y parvenir ?

Une première stratégie consiste à fusionner avec ses concurrents, dans le but de réduire l'intensité de la concurrence sur le marché. En particulier, lorsque le marché présente de fortes barrières à l'entrée et un faible nombre d'opérateurs, une opération de F&A peut faire monter les prix (« *Fusions-acquisitions : les deux visages* »). Mais une fusion peut aussi accroître le pouvoir de marché en diminuant les coûts de production, grâce à des synergies. En la matière, les promesses annoncées ne sont souvent pas au rendez-vous : les études empiriques se succèdent et se ressemblent, concluant que plus d'une fusion sur deux est un échec (« *Mariage d'entreprises : pourquoi 1 + 1 font-ils souvent 1,5 ?* »).

Une seconde stratégie est de s'intégrer verticalement, dans le but de maîtriser l'accès à une ressource rare pour en priver ses concurrents. Le cas de Netflix est à cet égard éloquent : Netflix, telle une compagnie pétrolière, s'intègre en amont dans le but de sécuriser ses approvisionnements en productions originales, qui constituent le « pétrole » qui coulera demain dans ses tuyaux… numériques (« *Amazon, Netflix : le retour de l'intégration verticale* »). Un mouvement similaire à l'intégration verticale consiste à développer des activités multiples mais complémentaires entre elles : on parle de diversification conglomérale. Il s'agit ni plus ni moins que de créer un véritable éco-système, au sein duquel le client trouvera tout ce qu'il peut chercher, sans avoir besoin d'aller voir ailleurs. La diversification conglomérale permet de renforcer leur pouvoir de marché, en misant sur l'un des actifs les plus précieux qui soit : la captivité des clients (« *Conglomérats d'hier et de demain* »).

Une troisième stratégie est de miser sur la différenciation des produits, pour bénéficier aux yeux du consommateur d'un positionnement unique. À cet égard, on relèvera que les leaders du low cost partagent un point commun avec leur opposé, les leaders du luxe. Ces deux types d'entreprise affichent un rapport qualité/prix imbattable : le client du luxe paie certes très cher mais il bénéficie en retour d'une qualité intrinsèque et symbolique très élevée ; le client du low cost doit se contenter d'une qualité réduite au strict minimum mais il se console en se disant qu'il a déboursé peu d'argent (« *Du* low cost *au luxe : l'harmonie des contraires* »).

Au-delà des stratégies des entreprises, le pouvoir de marché dépend également des caractéristiques propres du marché, telles que la hauteur des barrières à l'entrée, le nombre de concurrents, le degré de différenciation des produits, la facilité avec laquelle les clients peuvent changer d'opérateur. Le cas de la SVOD nous montre que ce pouvoir de marché peut être en l'occurrence fragile, dans la mesure où les clients peuvent facilement changer d'opérateur (« *Netflix : un géant aux pieds d'argile ?* »).

Fusions-acquisitions : les deux visages

Le projet de rapprochement entre Siemens et Alstom, visant à créer un « champion franco-allemand du ferroviaire » suscite de fortes réserves de la Commission Européenne, qui a demandé aux parties des cessions supplémentaires. Sans préjuger de l'issue de cette affaire, il est intéressant d'expliciter les deux effets économiques d'une fusion-acquisition.

Commençons par le plus connu, souvent mis en avant par les actionnaires pour justifier le bien-fondé de leur projet : la recherche de gains d'efficacité. Par exemple, les entreprises qui se marient vont rationaliser leurs lignes de production et bénéficier d'économies d'échelle. Une acquisition permet également d'accéder à une technologie plus moderne, ce qui fait baisser les coûts. La liste des synergies possibles est longue, même si l'expérience montre qu'elles ne sont pas toujours au rendez-vous : n'oublions pas en effet qu'une fusion-acquisition sur deux échoue à créer de la valeur additionnelle.

Mais une F&A peut aussi avoir un second effet, sur lequel les entreprises sont en général moins loquaces : celui de réduire la concurrence sur le marché, par la disparition d'un acteur indépendant. En particulier, lorsque le marché présente de fortes barrières à l'entrée et un faible nombre d'opérateurs, une opération de fusion-acquisition peut faire monter les prix. Cet effet est d'autant plus probable lorsque les candidats au mariage ont des produits proches.

Supposons par exemple que deux entreprises A et B décident de se marier, sur un marché comprenant quatre acteurs A, B, C, D. Les clients considèrent les produits de B comme de proches substituts de ceux de A. Après le mariage, l'entreprise A peut avoir intérêt à augmenter le prix de ses propres produits : une partie de ses clients se reportera sur… les produits de l'entreprise B, qui est désormais sa filiale. Plus encore, une fusion-acquisition peut inciter les concurrents à réagir, en augmentant à leur tour leur prix : de manière paradoxale, une fusion entre A et B va alors profiter à C et D. Une étude réalisée en 2008 sur données boursières[17] a ainsi montré qu'une F&A conduisait dans 21 % des cas à faire monter le cours de l'action… des concurrents qui ne participent pourtant pas à l'opération.

Au-delà du prix, une fusion-acquisition peut aussi avoir un impact négatif sur l'incitation à innover. Ainsi, en 2017, à l'occasion de la fusion entre Dow et Dupont, la Commission européenne a estimé que l'opération en l'état aurait dissuadé les parties de poursuivre leurs efforts de recherche dans des domaines comme les herbicides, où ils sont en concurrence frontale. En guise de remède, elle a exigé que les parties cèdent la totalité de la R&D de DuPont à un concurrent. On peut même imaginer un cas, certes rare, dans lequel un rachat d'entreprise est motivé par la volonté d'empêcher l'apparition sur le marché d'un nouvel acteur, en train de développer un produit concurrent. Une étude de Cunningham sur le secteur pharmaceutique[18] montre que dans 6,4 % des cas, le rachat d'un concurrent innovant conduit ensuite l'acquéreur à stopper ses recherches. Une acquisition qui se révèle meurtrière (« *killer acquisition* »)… pour la concurrence future.

Chronique publiée dans L'Opinion le 14 Jjanvier 2019, alors que la Commission européenne s'apprêtait à interdire la fusion entre Alstom et Siemens.

17 J. Clougherty, T. Duso (2008) "The impact of horizontal mergers on rivals: Gains to being left outside a merger", Discussion Paper, No. 239.

18 C. Cunningham, F. Ederer, S. Ma (2021) "Killer Acquisitions", *Journal of Political Economy, Vol. 129, No. 3, pp. 649–702*

Mariage d'entreprises : pourquoi 1 + 1 font-ils souvent 1,5 ?

C'est fait : la fusion entre AT & T et Time Warner a été validée par les autorités judiciaires américaines. Ce mariage entre les tuyaux de l'opérateur historique des télécoms et les contenus du groupe de divertissement donne naissance à un nouveau géant de l'internet et des médias.

Au-delà de ce cas particulier, il est intéressant de s'interroger sur les motivations qui peuvent pousser dirigeants comme actionnaires à s'engager dans de telles opérations.

L'argument clamé haut et fort est celui du fameux « 1 + 1 = 3 » : grâce au mariage, des synergies entre activités vont naître tout au long de la chaîne de valeur, de la R & D à la commercialisation ; la nouvelle entité va bénéficier d'économies d'échelle liées à sa plus grande taille ; les talents, compétences et clients de chaque partie vont pouvoir être mis en commun. Bref, le rapprochement va créer de la valeur.

Mais les promesses annoncées ne sont malheureusement pas toujours au rendez-vous : les études empiriques se succèdent et se ressemblent, concluant que plus d'une fusion sur deux est un échec. Le fameux « 1 + 1 = 3 » s'est transformé en un désolant « 1 + 1 = 1,5 ». Ces échecs conduisent parfois même les entreprises à divorcer, au prix fort : ainsi, News Corp a revendu en 2011 MySpace pour 35 millions de dollars, après l'avoir acheté cinq ans plus tôt… 580 millions.

Comment expliquer un taux d'échec des fusions si élevé ? Tout d'abord, les synergies invoquées n'ont rien de mécanique : elles résultent bien souvent de la capacité à faire travailler ensemble les équipes des deux entités. Pas toujours simple, lorsque les cultures d'entreprise, les méthodes de management, les trajectoires des individus sont très différentes. Selon une étude de Dixon, 30 % des échecs résulteraient de cette « incompatibilité » des cultures d'entreprise. La confiance mutuelle ne se décrète pas, en particulier lorsqu'une entreprise a racheté l'autre : les salariés de la « cible » peuvent avoir le sentiment d'être les vaincus et sont donc assez peu enclins à coopérer.

Ensuite, les dirigeants à l'origine des fusions peuvent être victimes d'un biais psychologique bien connu en finance : le « biais de surconfiance » qui les conduit à surestimer leurs capacités à créer de la valeur dans l'entreprise rachetée. Ils peuvent également considérer que renoncer à l'opération, une fois qu'elle est engagée, serait perçu comme un aveu de faiblesse, voire d'échec. Ils sont parfois confortés dans leur « hubris managérial » par leur environnement décisionnel : en particulier, les banques d'affaires ont tout intérêt à ce que le deal se fasse, pour percevoir de substantielles commissions.

Enfin, une fusion a plus de chances d'être rentable si les concurrents du secteur ne réagissent pas : augmenter sa taille lorsque les concurrents restent petits procure un avantage en termes de coût et de pouvoir de marché. Mais c'est oublier que lorsque deux entreprises se marient, les concurrents vont rapidement réagir et se marier à leur tour, annihilant une partie des gains attendus de la première fusion. Comme toujours en économie, il est périlleux de raisonner « toutes choses égales par ailleurs », en oubliant de prendre en compte la probable réaction des autres joueurs.

Chronique publiée dans L'Opinion le 22 juin 2018, à la suite de la fusion entre ATT et Time Warner.

Amazon, Netflix : le retour de l'intégration verticale

« Recentrez-vous sur votre cœur de métier ! » : tel a été longtemps le mot d'ordre en vogue chez les consultants en stratégie, à l'adresse des dirigeants d'entreprises et de leurs actionnaires. Cet appel à l'externalisation des fonctions secondaires visait à tirer pleinement parti de la division du travail entre entreprises : par exemple, un fabricant de jouets a intérêt à confier le transport de ses produits à un prestataire extérieur plutôt que d'accomplir cette tâche lui-même. Cela lui coûtera moins cher et il pourra toujours changer de prestataire s'il n'est pas satisfait. Son cœur de métier est de produire des jouets, pas de les transporter.

Pourtant, depuis peu, de grandes entreprises font le chemin inverse, en procédant à une forme d'intégration verticale, vers l'amont ou l'aval, dans le but de renforcer leur pouvoir de marché.

Ainsi, Amazon se développe en aval dans… le transport aérien : le géant du e-commerce possède sa propre compagnie cargo Amazon Air, qui comprend déjà 50 Boeing 767. Ses avions sillonnent chaque jour le territoire américain pour transporter ses colis. Etonnant, alors qu'existent des spécialistes du fret aérien comme Fedex ou UPS, qui disposent d'une impressionnante flotte d'avions et d'une expertise logistique pointue.

Dans un tout autre registre, la plate-forme de streaming vidéo Netflix multiplie depuis 2017 les partenariats exclusifs en amont, avec des producteurs de contenus, stars de l'écriture ou du cinéma : ainsi, le romancier à succès Harlan Coben a signé pour l'adaptation exclusive de 14 de ses best-sellers. Netflix est même devenu le premier producteur de films au monde, avec pas moins de 80 nouvelles sorties en 2018. Etonnant, alors qu'existent des milliers de films disponibles, qui ne trouvent pas preneur : il suffirait à Netflix de faire son marché pour remplir son panier.

Ce mouvement d'intégration verticale provient du fait que le cœur de métier d'une entreprise – c'est-à-dire son ADN – évolue au cours du temps, parfois même très rapidement. Prenons le cas d'Amazon : sa promesse n'est plus seulement de vendre des millions de livres et produits de toute sorte sur Internet mais de livrer chaque client, où qu'il soit, en temps et en heure : un temps record et surtout… garanti. Tout retard de livraison viendra altérer sa réputation. Il devient alors essentiel pour Amazon d'avoir la pleine maîtrise sur le maillon du transport de colis, en lançant sa propre compagnie aérienne.

Dans le cas de Netflix, la promesse au client n'est plus seulement de mettre à disposition un large catalogue de films et séries : elle est de proposer en permanence de nouveaux contenus attractifs, variés et exclusifs, afin que les 140 millions d'abonnés continuent de payer chaque mois et n'aillent pas voir ailleurs, notamment chez Amazon Prime Video ou HBO. Si les gisements de talent du cinéma sont partout, les plus rentables – à savoir les stars du box office – sont une denrée assez rare : en signant avec eux une exclusivité, parfois sur longue période, la plateforme Netflix, telle une compagnie pétrolière, s'intègre en amont et sécurise ses approvisionnements en productions originales. Des gisements de talents qui constituent le « pétrole » qui coulera demain à flot dans ses tuyaux… numériques.

Chronique publiée dans L'Opinion le 24 janvier 2019, suite aux annonces d'Amazon et de Netflix, visant respectivement à créer sa propre compagnie aérienne et à produire ses propres contenus.

Conglomérats d'hier et de demain

Après avoir lancé des produits comme l'iPhone, l'iPad ou l'iMac, Apple s'est engagé dans une stratégie de diversification vers les services, en lançant par exemple dès 2001 son service musical iTunes, qui occupe aujourd'hui la seconde place derrière Spotify. La firme californienne vient d'annoncer qu'elle accélérait fortement le rythme, en allant tous azimuts sur le marché des services : carte de crédit, jeux vidéo sur mobile, kiosque de magazines ou vidéo à la demande sont annoncées comme autant de relais de croissance prometteurs.

Ce mouvement de diversification va pourtant à rebours de la tendance observée dans la plupart des secteurs, consistant à se recentrer sur son cœur de métier. « Faites une seule chose mais faites la parfaitement » : tel est le mot d'ordre inlassablement répété depuis 30 ans par les stratèges d'entreprise. Les grands conglomérats ont cédé la place à de grandes entreprises spécialisées sur un seul marché de produit et qui tirent au mieux parti des économies d'échelle, grâce à la mondialisation : LVMH est ainsi devenu au fil du temps un « *pure player* » du luxe à la personne.

Certes, il existe encore quelques géants mondiaux diversifiés comme General Electric ou Siemens mais ils subissent une « décote de conglomérat » : les marchés financiers n'apprécient guère le fait de produire à la fois des moteurs d'avion, des équipements médicaux ou des appareils électroménagers. L'argument selon lequel la diversification permet de lisser l'activité, en évitant de mettre « tous ses œufs dans le même panier » ne les convainc pas : nul besoin de réduire la volatilité des profits à la place des actionnaires ; ces derniers peuvent eux-mêmes diversifier leur portefeuille, en investissant par exemple une partie de leur argent dans une entreprise de réacteurs d'avion et une autre partie dans une entreprise d'appareillage médical ou d'électroménager.

En réalité, si l'on en croit la théorie du « gouvernement d'entreprise », les diversifications conglomérales seraient d'abord motivées par la volonté des managers d'accroître la taille de l'entreprise – et donc leur rémunération – et de minimiser le risque de faillite, qui leur ferait perdre leur emploi. Bref, la diversification conglomérale est plutôt vue d'un mauvais œil par les marchés.

Mais il en va sans doute autrement lorsque les conglomérats se construisent sur la base d'activités certes différentes mais qui entretiennent entre elles de fortes complémentarités d'usage : les services que veut développer demain Apple le seront sur… ses produits iPhone, iPad et iMac. L'enjeu est de parvenir à enclencher un cercle vertueux entre produits et services : les produits deviennent d'autant plus attractifs que les services liés sont nombreux et de qualité. Il s'agit ni plus ni moins que de créer un véritable éco-système, au sein duquel le client trouvera tout ce qu'il peut chercher, sans avoir besoin d'aller voir ailleurs. Tout l'enjeu est alors de savoir si le client a parfaitement conscience, lorsqu'il entre dans cet univers fermé, qu'il aura peut-être du mal à en sortir ensuite. Les conglomérats de demain vont créer de la valeur et renforcer leur pouvoir de marché, en misant sur l'un des actifs les plus précieux qui soit : la fidélité des clients. Attention toutefois à ce que cette fidélité ne se transforme pas… en captivité.

Chronique publiée dans L'Opinion le 27 mars 2019, à la suite des annonces d'Apple d'une diversification de ses activités.

Du *low cost* au luxe : l'harmonie des contraires

Le leader européen du *low cost* aérien, Ryanair, a dévoilé une perte trimestrielle de 20 millions d'euros, quand les deux géants français du luxe (LVMH et Hermès) annonçaient des ventes records. Le rapprochement entre ces trajectoires d'entreprise peut paraître saugrenu, tant leurs modèles économiques diffèrent.

D'un côté, Ryanair : la compagnie irlandaise n'a d'autre choix que de maintenir en permanence ses coûts à un niveau très bas, si elle veut gagner de l'argent en vendant des billets à un prix moyen de... 40 euros. Ryanair sait que si elle augmente unilatéralement ses prix, surtout en saison hivernale, les clients iront voir ailleurs ou renonceront à se promener en Europe. Ryanair est l'incarnation même de la compétitivité par les coûts : toute dérive des coûts se traduira par une baisse des profits, faute de pouvoir relever les prix. Le combat quotidien de Ryanair est donc la chasse aux coûts : à la suite des mauvais résultats, l'entreprise irlandaise vient d'ailleurs d'annoncer un vaste plan de réorganisation interne, pour gagner encore en efficacité.

De l'autre côté, LVMH et Hermès : ces entreprises doivent affronter un autre défi, qui se situe moins du côté des coûts que de la demande. L'enjeu est de susciter en permanence chez les clients le désir d'achat et de justifier à leurs yeux les prix élevés, en misant sur des produits innovants et uniques. Elles sont l'incarnation même de la compétitivité fondée sur le hors prix : selon une étude du CEPII[19], les producteurs français de maroquinerie de luxe peuvent pratiquer des prix 7 fois supérieurs à ceux de pays dotés d'une qualité moyenne dans le même secteur, sans perdre de parts de marché.

19 CEPII (2015) « La France en mal de qualité ? », *La lettre du CEPII* n° 355.

Mais à y regarder de plus près, les leaders du *low cost* et du luxe présentent des points communs.

Tout d'abord, en dépit des turbulences, Ryanair affiche depuis 20 ans une rentabilité commerciale insolente : sa marge nette oscille chaque année entre 15 et 18 %, ce qui est largement comparable à celle de… LVMH ou d'Hermès. Le billet d'avion à 40 euros s'avère donc aussi profitable que le sac à main à plus de 1 000 euros.

Mais surtout, ces entreprises se sont positionnées chacune, sur l'échelle des attentes des clients, aux extrémités du marché : la consommation identitaire du luxe d'un côté ; la commodité minimaliste du *low cost* de l'autre. Elles proposent toutes deux un rapport qualité / prix imbattable : le client du luxe paie certes très cher mais il bénéficie en retour d'une qualité intrinsèque et symbolique très élevée ; le client de Ryanair doit se contenter d'une qualité réduite au strict minimum – la sécurité des vols – mais il se console en se disant qu'il a déboursé une faible somme.

Dans les deux cas, les clients ont le sentiment d'en avoir eu « pour leur argent » : la promesse est tenue, même si elle ne fait pas du tout rêver chez Ryanair. En se positionnant aux extrémités du marché, LVMH, Hermès et Ryanair parviennent à échapper au « ventre mou » du milieu de gamme, qui n'offre pas une qualité suffisante au regard du prix payé. Quant au client, il s'achètera, grâce au bas prix du billet *low cost*… un parfum de luxe.

Chronique publiée dans L'Opinion le 13 février 2019, à l'occasion de la publication des résultats 2018 de la compagnie Ryanair.

Netflix : un géant aux pieds d'argile ?

Pour la première fois en sept ans, Netflix a perdu des abonnés sur le marché américain. La hausse du prix de l'abonnement standard de 11 à 13 dollars (+ 18 %) a sans doute joué un rôle déterminant : lorsqu'un prix monte, il est assez logique que la demande diminue.

Mais se focaliser sur la seule évolution du nombre de clients n'est pas le plus instructif ; il faut surtout se demander si le nombre de clients perdus par Netflix n'a pas été plus que compensé par l'accroissement de la marge sur les clients restés fidèles. C'est même à cela que l'on reconnaît le pouvoir de marché d'une entreprise : sa capacité à augmenter durablement ses prix au-dessus de ses coûts, sans perdre trop de clients.

Au-delà du cas particulier de Netflix, il est intéressant d'analyser les principaux facteurs qui déterminent le pouvoir de marché d'une entreprise.

Premier facteur : la hauteur des barrières à l'entrée. Plus elles sont élevées, moins il est probable qu'un nouvel acteur entre, ce qui confère un pouvoir de marché aux entreprises installées. Parmi les barrières, figure le montant des investissements irréversibles, qui peuvent se chiffrer en milliards de dollars : sur le marché de la vidéo à la demande, il faut disposer dès le départ d'un large portefeuille de films et séries pour espérer attirer les premiers clients.

Deuxième facteur : le nombre de concurrents sur le marché. Plus ce nombre est grand, plus la concurrence est vive, ce qui réduit la capacité de chaque entreprise à fixer et maintenir des prix élevés. À cet égard, dans le secteur de la vidéo à la demande, l'arrivée prochaine de deux poids lourds, HBO et Disney+, risque de compliquer la vie pour Netflix, qui était restée confrontée jusqu'ici à la seule concurrence naissante d'Amazon Prime Video.

Troisième facteur : le degré de différenciation des produits. Plus les produits sont différenciés, plus l'entreprise dispose d'un pouvoir de marché sur ses clients. La différenciation peut se faire par la qualité (« différenciation verticale ») ou par la variété (« différenciation horizontale »). Dans le domaine de la SVOD, ce pouvoir résulte de l'attractivité des nouveaux programmes et de la détention d'un large catalogue de films. Le tout en exclusivité. La bataille des clients en aval se joue d'abord en amont, dans la bataille des contenus.

Dernier facteur : la facilité avec laquelle les clients peuvent changer d'opérateur. Plus les coûts de transfert sont élevés (« *switching cost* »), plus les clients sont captifs une fois qu'ils ont opté pour les produits d'une entreprise, ce qui confère à cette dernière un pouvoir de marché. Les coûts de changement peuvent résulter, par exemple, de l'imparfaite compatibilité entre les produits d'entreprises concurrentes, en particulier lorsque les clients sont engagés dans un écosystème fermé. Dans le cas de la SVOD, les coûts de transfert sont proches de zéro. Le client peut résilier son abonnement d'un clic et aller voir ailleurs quasi- instantanément. Cette faiblesse des coûts de transfert est l'une des spécificités de ce marché et constitue une contrainte forte qui pèse sur l'ensemble des opérateurs.

Chronique publiée dans L'Opinion le 26 juillet 2019, à la suite de l'annonce par Netflix d'une baisse de ses abonnés sur le marché américain.

Chapitre 6

Le commerce à l'heure du digital

Né au milieu des années 1990, le commerce en ligne a longtemps été le fait de nouveaux opérateurs qualifiés de *« pure players »*, c'est-à-dire sans points de vente physique. Ces *« pure players »*, à l'image d'Amazon, jouent aujourd'hui le rôle d'un véritable référentiel auprès des clients : même s'ils n'achètent pas sur Amazon, les clients viennent y consulter les prix. Il en résulte que les grands distributeurs historiques doivent tenir compte des prix pratiqués par Amazon. C'est le fameux « effet Amazon », observé surtout aux États-Unis (« *La distribution physique face à l'effet Amazon* »).

Au tournant des années 2010, tous les producteurs et distributeurs physiques ont compris l'intérêt pour eux d'aller sur le terrain du e-commerce, pour élargir la taille de leur marché et conquérir de nouveaux clients : ils se sont engagés dans un mouvement de « phygitalisation ». Aucun secteur de la distribution de détail n'échappe aujourd'hui à ce phénomène, y compris le secteur du luxe à la personne (« *Le luxe à l'assaut du commerce en ligne* »).

Pour autant, si le e-commerce connaît chaque année une croissance à deux chiffres – et en dépit de la crise Covid-19 qui a marqué une accélération de son empreinte – il ne représente encore que 15 % des ventes de détail. C'est dire si le commerce physique a encore un bel avenir devant lui, surtout s'il s'empare des technologies numériques pour améliorer l'expérience client en magasin. L'avenir est sans doute à des modèles hybrides, à la fois en ligne et adossés à des magasins physiques (« *Le magasin physique a encore un bel avenir* »). D'ailleurs, le géant de la vente en ligne Amazon envisage sérieusement d'accélérer son empreinte physique, pour tirer parti des synergies entre off-line et on-line (« *Amazon : en route vers les magasins physiques* »).

Au-delà de son empreinte quantitative, le e-commerce permet aux distributeurs de mettre en œuvre de nouvelles stratégies de vente qui sont difficilement réplicables en magasin physique. En particulier, le commerce en ligne permet de collecter et de traiter en continu des données très variées sur un même individu. Le croisement de ces données permettra demain de pratiquer la discrimination par les prix, c'est-à-dire de proposer un prix personnalisé (« *Commerce en ligne : vers des prix à la tête du client ? Partie 1* »). Nous montrons que cette pratique serait certes très rentable pour l'entreprise qui la mettra en œuvre mais également très risquée pour elle : les clients risquent de nourrir un sentiment d'injustice à son encontre (« *Commerce en ligne : vers des prix à la tête du client ? Partie 2* »).

Cette pratique de personnalisation fondée sur le recueil des données des clients peut même parfois dangereusement dériver, pour aller vers de la discrimination au sens premier du terme : c'est ce qui a pu être observé sur certaines sites d'économie collaborative avec des pratiques de discrimination raciale (« *Économie collaborative : discrimination digitale ?* »).

Le commerce en ligne est également pour les distributeurs une source de concurrence accrue, avec l'entrée sur le marché de nouveaux acteurs en ligne et la diminution drastique des « coûts de recherche d'information ». En effet, avec Internet, les prix sont désormais accessibles pour tous les clients, qui peuvent les comparer d'un simple clic de souris. Internet a augmenté la transparence de l'information et réduit le pouvoir de marché des distributeurs : le simple fait d'afficher les prix sur Internet réduit la dispersion des prix entre magasins physiques (« *Prix sur Internet : à la hausse ou à la baisse* »). Face à cette concurrence accrue, la tentation est grande pour les distributeurs d'empêcher les clients d'arbitrer entre les sites des différents pays, dans le but de trouver un prix plus attractif. Cette pratique, dénommée *« geoblocking »*, a été fréquente dans le passé en Europe, avant que la Commission n'intervienne de manière vigoureuse (« *Haro sur le* géoblocking *!* »).

La distribution physique face à "l'effet Amazon"

Si les plateformes numériques sont naturellement propices à un phénomène de *« winner takes all »*, ce phénomène apparaît assez variable selon les marchés. Ainsi, le leader Amazon affiche une part de marché moins élevée que celle de Google sur les moteurs de recherche ou celle de Facebook sur les réseaux sociaux. En effet, Amazon représente 38 % du commerce en ligne aux États-Unis et 22 % en France. Si l'on inclut les ventes physiques réalisées dans les commerces de détail, la part de marché d'Amazon tombe même à… 5 %.

Peut-on en conclure pour autant qu'Amazon n'exerce aucune influence sur le marché ? Pas si sûr. Comme le montre Cavallo dans une étude sur le cas américain, Amazon a modifié la manière dont les grandes chaînes de distribution telles que Walmart fixent leurs prix[20]. Il met ainsi en évidence un double « effet Amazon ».

En premier lieu, la présence d'Amazon augmente la fréquence des changements de prix dans la grande distribution. Les prix, qui changeaient en moyenne tous les 6,7 mois en 2008 sont ajustés désormais tous les 3,65 mois. Ce phénomène est important car il rompt avec la « résilience » observée par le passé : avant le numérique, les étiquettes ne changeaient pas tous les matins, à l'exception des produits frais, car il était techniquement coûteux de modifier des milliers de prix. De plus, la résilience des prix faisait partie d'une sorte de « contrat de confiance » entre l'enseigne et son client : ce dernier était assuré de payer à peu près le même prix

20 A. Cavallo (2019) « More Amazon effects : online competition and pricing behavior », *Jackson Hole economic symposium conference proceedings.*

d'une semaine sur l'autre, en remplissant le même panier ; il n'avait du coup aucune incitation à comparer les prix et restait fidèle à son enseigne habituelle.

Mais le géant du e-commerce est venu changer la donne. Il joue auprès des clients le rôle d'un « référentiel prix » : même s'ils n'achètent pas sur Amazon, ils viennent y consulter les prix. Il en résulte que les grands distributeurs historiques doivent tenir compte des prix d'Amazon. Or, comme Amazon modifie très fréquemment ses prix, les distributeurs ajustent également leurs prix plus souvent qu'auparavant. À la baisse comme à la hausse. Cette fréquence plus grande dans l'ajustement des prix apparaît particulièrement marquée pour les produits sur lesquels les distributeurs en ligne sont très présents, à l'image des produits électroniques.

En second lieu, Cavallo montre que la dispersion des prix au sein d'une même enseigne, en fonction de la localisation physique des magasins, a tendance à s'estomper, sauf pour les produits alimentaires. Ainsi, lorsqu'un produit de Walmart est aussi présent sur Amazon, il y a 97 % de chances pour que Walmart applique le même prix dans tous ses magasins. C'est 5 % de plus que lorsque le produit n'est pas vendu sur Amazon. Ce phénomène est assez nouveau : les distributeurs ont pendant longtemps fixé des prix différents pour un même produit, selon l'intensité de la concurrence locale. À nouveau, la présence d'Amazon rend la discrimination géographique plus difficile, dans la mesure où les clients disposent d'un référentiel de prix unique sur l'ensemble du territoire américain.

Ces deux « effets Amazon », observés aux États-Unis, sont-ils observables dans un pays comme la France ? La question est ouverte.

Chronique publiée dans L'Opinion le 9 novembre 2020, à la suite de la publication d'une étude sur l'impact d'Amazon sur les prix aux États-Unis.

Le luxe à l'assaut du commerce en ligne

Le numéro deux mondial du luxe, Richemont, propriétaire de marques comme Cartier, a annoncé un partenariat avec Alibaba, l'Amazon chinois qui vend tout aussi bien des coques de téléphone que des voitures. De prime abord, l'alliance semble étrange tant le positionnement de gamme des deux acteurs est différent ; mais à y regarder de près, elle s'inscrit dans une évolution assez logique.

Pendant longtemps, les fabricants de luxe ont considéré le e-commerce avec une certaine défiance, redoutant qu'il ne dégrade l'expérience client ou ne « cannibalise » les ventes en magasin physique. Jusqu'en 2013, le online ne représentait que 5 % de leur chiffre d'affaires et était cantonné au rôle de *« showroom »* virtuel, permettant de visualiser les produits et d'acquérir des informations, avant que le client ne se rende en magasin. Un premier pas a été franchi avec le lancement de sites propres par les marques de luxe, qui entendaient ainsi garder la maîtrise de leur politique de prix et d'assortiment.

Un second pas a consisté à commercialiser certains produits de la gamme sur des sites de *« pure players »* multimarques mais à la condition qu'ils soient spécialisés dans le luxe : ainsi, Richemont a pris le contrôle du leader online Yoox/Net à porter (YNAP), tandis que LVMH lançait 24Sèvres, déclinaison en ligne du Bon Marché. Mais pas question de vendre à des distributeurs généralistes comme Amazon ou, plus encore, sur leur place de marché.

En Europe, une décision de la Cour de justice les a d'ailleurs confortés dans cette stratégie : en décembre 2017, l'arrêt Coty a reconnu le droit pour un producteur de luxe d'interdire à ses distributeurs agréés de vendre sur des plateformes tierces, afin de préserver l'image de prestige de ses produits.

Une troisième étape est en passe d'être franchie en Chine, où l'appétit pour les marques de luxe ne fléchit pas, le marché chinois représentant à lui seul 30 % de la demande mondiale. L'enjeu pour les fabricants de luxe est d'atteindre cette vaste clientèle, souvent jeune, hyper-connectée mais volatile, en quête de la dernière tendance et mêlant luxe et mode. Les magasins physiques en Chine et le shopping des touristes chinois à l'étranger ne suffisent plus. Une première option consiste à décliner son propre site de vente en ligne en version chinoise, comme le font Vuitton ou Gucci depuis 2017. Cette stratégie suppose toutefois de disposer d'une marque incontournable et se prive des achats d'impulsion réalisés sur les sites multimarques, qui représentent en Occident 30 % des ventes en ligne de luxe.

Une seconde option consiste à nouer des coopérations entre un distributeur online multimarques et un géant chinois du e-commerce. C'est ce que fait aujourd'hui Richemont, en nouant une alliance entre son site YNAP et Alibaba. L'enjeu est de créer au sein d'Alibaba, sur la plateforme Tmall Luxury Pavilion, un univers dédié au luxe, sans qu'il ne soit mélangé avec le reste de l'offre. Alibaba apportera son impressionnante base de clients, sa logistique et sa connaissance du marché local chinois ; de son côté, YNAP viendra avec un large portefeuille de marques de luxe, à même de favoriser un renouvellement constant de l'offre auprès de clients volatiles, et son expertise du secteur. Une alliance entre deux acteurs certes très différents mais qui témoigne d'une forte complémentarité de leurs compétences : l'harmonie des contraires, en quelque sorte.

Chronique publiée dans L'Opinion le 31 octobre 2018, à la suite de l'annonce d'un partenariat entre le leader suisse du luxe Richemont et Alibaba.

Le magasin physique a encore un bel avenir

Quelle est l'enseigne préférée des Français ? Selon une enquête du cabinet OC & C, il s'agit de Grand Frais. Figurent également dans le top 10 Picard, Leclerc et Biocoop, le géant Amazon se voyant relégué… à la 12e place.

Ce classement nous montre que le commerce alimentaire physique est plébiscité, dès lors qu'il affiche une offre claire et spécialisée sur une thématique : les prix bas (Leclerc), le surgelé (Picard), le bio (Biocoop), les produits frais (Grand Frais). Il vient également nous rappeler que faire ses courses alimentaires n'est pas forcément synonyme de corvée, pour peu que l'expérience client soit renouvelée, notamment au travers d'un parcours d'achat efficace et qualitatif, qui mise sur la différenciation des produits. À cet égard, on notera que les enseignes plébiscitées sont souvent des distributeurs qui proposent leurs propres marques, à l'image de Biocoop ou de Picard dans l'alimentaire ou de Decathlon et Ikea, dans le non alimentaire.

La présence en rayon de marques mondiales de grands fabricants n'est plus un passage obligé : en misant sur les marques propres, mais aussi sur le *« made in France »* et les circuits courts, les enseignes plébiscitées donnent un ancrage local à leur offre, à même de conquérir le cœur des clients, en quête de consommation responsable. On est bien loin de l'anonymat des linéaires d'hypermarché alignant de grandes marques mondiales ou du pur commerce en ligne façon Amazon, perçu comme distant.

Autre enseignement : l'opposition entre petit commerçant indépendant et grande surface n'a plus grand sens. On peut avoir la puissance d'achat d'un grand distributeur et le format d'un commerce spécialisé, en misant sur un réseau de franchisés, à l'image de Grand Frais. Au-delà des produits frais, c'est tous les segments de l'alimentation qui peuvent évoluer demain vers le modèle de la chaîne spécialisée, à l'image de ce que l'on observe déjà dans la boulangerie.

C'est dire que le commerce physique alimentaire a encore un avenir, même à l'heure de la « révolution numérique ». Constatons d'ailleurs que le commerce en ligne de produits alimentaires reste encore peu développé en France, avec une part de marché de 7 %. Plus encore, grâce au numérique, les magasins physiques vont pouvoir réduire l'aspérité du passage en caisse, en misant sur le paiement par smartphone. Mais surtout, l'expérience montre que dans l'alimentaire les modèles en ligne sont adossés à des magasins physiques, que ce soit le drive ou la commande sur internet approvisionnée à partir d'un magasin de proximité. Pour l'heure, c'est bien le modèle omnicanal qui s'impose, plus que le modèle *« pure player »,* fondé sur des entrepôts en périphérie des grandes zones urbaines.

Si Amazon veut exister demain sur le marché de l'alimentaire et du frais, il va devoir opérer un mouvement stratégique, comme il l'a déjà fait aux États-Unis en rachetant Whole Foods en 2017 : acquisition ou partenariat avec une enseigne de proximité – à l'image de l'alliance avec Monoprix sur Paris –, voire ouverture de point de ventes/livraison en milieu urbain. Pour conquérir demain le cœur des consommateurs français dans l'alimentaire, les magasins en ligne n'auront d'autre choix que de se rapprocher… des magasins physiques.

Chronique publiée dans L'Opinion le 26 octobre 2018, à la suite de la publication d'un classement des marques préférées des Français.

Amazon : cap sur les magasins physiques !

Si l'on en croit le très sérieux Wall Street Journal, Amazon se préparerait à passer à l'offensive en ouvrant des points de vente physique d'une taille significative aux États-Unis, de l'ordre de 3 000 m^2. À vrai dire, Amazon est déjà présent outre-Atlantique dans l'univers de la distribution physique, que ce soit avec la chaîne de magasins bio Whole Foods, rachetée en 2017, une vingtaine de librairies, des boutiques « Four stars » dans lesquelles sont vendus des produits à succès ou des magasins alimentaires comme Amazon Fresh et Go. Mais cette incursion est restée jusqu'ici très mesurée : en 2020, les ventes en magasins physiques ont représenté seulement 6 % du chiffre d'affaires total d'Amazon, contre 50 % pour les ventes online, sans même compter les commissions de la place de marché (19 %) et les ventes d'abonnement Amazon prime (7 %).

Au-delà du cas particulier d'Amazon, quelles raisons peuvent conduire des « pure players » à faire un grand pas vers le commerce en dur ?

En premier lieu, même si le commerce en ligne connaît une forte croissance – surtout à l'heure de la crise sanitaire –, il reste encore largement minoritaire au sein du commerce de détail : sur 100 dollars ou euros dépensés, n'oublions pas que 85 le sont… en magasin physique. Ce fait est encore plus prégnant dans la distribution alimentaire : en France, le e-commerce y affiche une part de marché certes en forte croissance mais de seulement 9 %.

En second lieu, si le e-commerce propose aussi des conseils en ligne et facilite le retour des produits achetés, le commerce physique garde encore une longueur d'avance en termes d'expérience client. Ceci est particulièrement vrai pour des produits très personnels, nouveaux ou qui ne font pas l'objet d'achats répétés : avant de faire leur choix et d'acheter, les clients veulent par exemple pouvoir essayer la nouvelle ligne de vêtements d'une grande marque.

En troisième lieu, les pure players disposent d'une compétence pointue en matière d'analyse des données digitales, qu'ils vont pouvoir mobiliser en magasin physique. Ainsi, avec sa technologie Just Walk Out, Amazon propose à ses clients des magasins Go et Fresh de scanner un QR code à l'entrée pour que le paiement se fasse automatiquement, sans passage en caisse. Ce faisant, Amazon va pouvoir suivre très précisément le parcours d'achat de ses clients au sein du magasin, non plus virtuel mais réel, afin de mieux comprendre ses attentes et y répondre. Si le client en magasin physique est également un client du site Internet, Amazon pourra également mixer les données et affiner ainsi son profil.

En quatrième lieu, il existe de fortes synergies entre les canaux de distribution off-line et on-line. Par exemple, si un produit n'est pas présent dans le magasin physique, il pourra être proposé de le commander sur le site Internet. Symétriquement, si le client hésite à acheter un produit sur Internet, le vendeur en ligne pourra lui proposer de se rendre dans un showroom pour l'essayer. Les synergies peuvent aussi prendre la forme d'une commande sur Internet, qui sera retirée dans un point de vente physique, sur le modèle du click and collect.

Bref, après la digitalisation du commerce physique, on pourrait bien assister demain à une « phygitalisation à l'envers », consistant pour les pure players à aller… vers les magasins en dur.

Chronique publiée dans L'Opinion le 25 Août 2021, à la suite d'une rumeur selon laquelle Amazon accélérerait son développement vers les magasins physiques.

Commerce en ligne : vers des prix « à la tête du client » ? (Partie 1)

Le fait de fixer des prix différents pour un même produit est une pratique ancienne : nous la rencontrons tous les jours, avec les tarifs jeunes ou le prix des billets d'avion qui varie en fonction de la date de réservation. Mais ces pratiques restent assez simples à déchiffrer et à justifier. Les jeunes paient moins cher car ils sont en moyenne moins riches que les adultes ; de même, tout un chacun sait qu'il peut échapper au prix élevé d'un billet d'avion en réservant son voyage très à l'avance.

Avec le développement du numérique, la donne change radicalement : le numérique permet de collecter et de traiter en continu des données très variées sur un même individu, son comportement, ses préférences et son environnement, au travers de multiples canaux (sites logués, cookies, etc.). Le croisement de ces données permet de dresser un portrait-robot assez précis de chaque individu et d'approcher sa disposition maximale à payer pour un produit.

Chaque client peut alors se voir proposer un prix particulier, en fonction de sa disposition individuelle à payer, sans qu'il sache vraiment quelle variable a été utilisée pour fixer le prix. L'ère du prix uniforme, sur lequel s'est fondée toute la grande distribution depuis plus d'un siècle, pourrait progressivement céder la place à un univers de prix « à la tête du client ». En poussant à l'extrême cette logique, on pourrait aboutir à ce que, pour un même produit, il y ait autant de prix que de clients.

Quelles formes pourrait prendre la discrimination sur Internet ?

Tout d'abord, le numérique permet le développement à grande échelle de la pratique de « tarification dynamique », consistant à faire varier le prix d'un produit au cours du temps, en fonction des fluctuations de l'offre et de la demande. Cette pratique, qui existe depuis longtemps dans le transport aérien et l'hôtellerie, s'est développée depuis dix ans dans des industries caractérisées par des contraintes de capacité et de fortes fluctuations de la demande, à l'image des VTC. Une entreprise comme Uber fait varier le prix de la course en fonction de l'offre et de la demande à un instant T, avec un système de tarification des heures de pointe (« *surge pricing* »). Cette tarification dynamique pourrait même demain se diffuser dans les commerces physiques, à l'heure des étiquettes électroniques et de la connectivité *via* smartphone.

Mais surtout, une autre forme de discrimination peut se développer, qui consiste à pratiquer un prix différencié selon les clients, en fonction de leurs caractéristiques personnelles. Jusqu'à présent, cette forme de discrimination concernait pour l'essentiel des pratiques de négociation de prix à la baisse : par exemple, lors de l'achat d'une voiture ou d'un appartement, il est usuel que le client tente de négocier un rabais. Cette politique de prix « à la tête du client » sera d'autant plus redoutable que les clients n'auront pas connaissance d'un prix de référence.

Le réflexe naturel serait de condamner par principe ces pratiques, au motif qu'elles sont « injustes » puisqu'elles tirent parti de différences individuelles. Mais en réalité, les choses sont plus complexes. La discrimination sous la forme de prix personnalisés a pour effet d'élargir la taille du marché : un individu ayant une faible disposition à payer se verra proposer un tarif préférentiel et pourra donc accéder au marché.

En d'autres termes, les prix personnalisés opèrent une redistribution des richesses entre consommateurs : certains vont payer plus cher, tandis que d'autres, qui n'avaient pas accès au marché, vont se voir proposer un prix attractif. L'acceptabilité d'une telle redistribution des richesses est complexe à analyser dans la mesure où la disposition maximale à payer d'un individu ne dépend pas seulement de son niveau de revenu mais également de ses préférences et contraintes.

Par exemple, le fait d'être prêt à payer plus cher son essence peut simplement résulter du fait que l'on habite en zone rurale et que l'usage de la voiture est indispensable. Une stratégie de prix différencié de l'essence pourrait conduire alors à faire payer plus cher les personnes ayant un besoin impératif de leur voiture et pas forcément les personnes les plus aisées.

Le vrai sujet d'inquiétude pour les consommateurs est plutôt celui de l'usage des data : quels critères ont été utilisés pour différencier les prix selon les individus ? Un algorithme de prix peut produire involontairement un résultat discriminatoire : le croisement de variables en apparence anodines ou « neutres » peut conduire à un résultat qui ne l'est pas. Si le prix personnalisé prend la forme d'un prix plus élevé – voire d'un refus de contracter – en fonction de variables telles que la couleur de peau ou le genre, cela suscitera de violentes réactions de la part des clients. Les entreprises vont donc aller sur le terrain des prix personnalisés avec la plus grande prudence, même si la tentation est grande.

Article publié dans L'Opinion le 28 octobre 2019, à la suite de la publication d'une étude sur les prix personnalisés[21].

21 E. Combe (2019) *Vers des prix personnalisés à l'heure du numérique ?*, Note Fondapol

Commerce en ligne : vers des prix « à la tête du client » ? (Partie 2)

Quel est intérêt pour une entreprise de pratiquer des prix personnalisés ? Tout simplement pour augmenter ses profits, et ce, d'une double manière : en augmentant ses prix auprès des clients qui valorisent fortement son produit (effet prix), et en diminuant ses prix pour capter des clients ayant une faible disposition à payer et qui ne consommaient pas le produit (effet volume).

Les études empiriques sur la tarification personnalisée confirment la profitabilité d'une telle stratégie. Ainsi, une expérience a été conduite en 2017 par deux chercheurs sur le site de recrutement ZipRecruiter[22] : le site pratiquait une politique de prix uniforme, consistant en un abonnement de 99 dollars par mois. Après avoir recueilli des informations sur les entreprises clientes, notamment leur localisation, les auteurs ont proposé de mettre en place, au travers d'un algorithme, des prix personnalisés, allant de 119 à 489 dollars. Le résultat est impressionnant : les profits ont augmenté de 84 %.

N'y a-t-il pas des obstacles à cette stratégie de prix à la tête du client ?

Le principal obstacle est à rechercher du côté des clients, qui risquent de nourrir un sentiment d'injustice, d'autant plus marqué qu'ils ne connaîtront pas les critères individuels sur lesquels s'est fondée la personnalisation du prix. Les entreprises risquent alors de s'exposer à leur vindicte, notamment *via* les réseaux sociaux : tel consommateur qui s'apercevra, après avoir acheté, qu'il a payé un prix supérieur à d'autres clients ne manquera pas de le faire savoir. La e-réputation de l'entreprise en prendra un coup.

22 J. P. Dubé, S. Misra (2017) "Personalized pricing and consumer welfare", Working Paper NBER N° 23775, 62 p.

Les études empiriques sur la perception des prix personnalisés montrent que ces pratiques restent peu acceptées par les clients. De plus, les consommateurs vont s'engager dans des stratégies de contournement et d'arbitrage. Un véritable jeu de « cache-cache » pourrait se mettre en place, les clients tentant de « piéger » les algorithmes, par exemple en créant plusieurs profils, en changeant d'appareil, en utilisant différentes adresses IP, etc…

Il existe pour l'instant peu de preuves empiriques directes de prix personnalisés. Mais cela ne veut pas dire pour autant que les entreprises ne font rien. Elles utilisent des méthodes indirectes de personnalisation des prix.

En particulier, les entreprises pratiquent la différenciation dans l'affichage des résultats d'une requête sur Internet *(« search discrimination ou price steering »)*, lorsque les produits sont à la fois très nombreux et très différenciés, comme dans l'hôtellerie : en fonction du profil du client, les produits affichés sur la première page à la suite d'une requête ne sont pas les mêmes selon les internautes. Elles peuvent également proposer des versions différentes d'un même produit de base.

De même, les entreprises peuvent afficher un prix de référence puis cibler des coupons de réduction sur certains clients, en fonction de leur parcours de navigation ou de leur historique d'achat. L'envoi en temps réel de coupons de réduction pourrait d'ailleurs se développer demain en magasin physique, grâce au « *geofencing* » *:* un client qui fait ses courses au supermarché pourrait se voir proposer en temps réel une réduction, si l'application détecte par exemple qu'il n'a pas acheté un produit qu'il a l'habitude d'acheter.

Article publié dans L'Opinion le 28 octobre 2019, à la suite de la publication d'une étude sur les prix personnalisés.

Économie collaborative : discrimination digitale ?

Dans l'univers parfois inquiétant du numérique – que l'on songe aux craintes que suscitent l'intelligence artificielle ou le Big data – l'économie collaborative attire de prime abord la sympathie. Ne permet-elle pas, grâce à l'intermédiation des plateformes, de mettre en relation des millions de particuliers qui échangent entre eux des biens et des services, de manière plus efficace et transparente qu'auparavant ? Sans aucun doute.

Pour autant, l'économie collaborative n'est pas exempte de toute critique et elle ressemble parfois à s'y méprendre à l'économie de l'ancien monde. Prenons l'exemple des pratiques de discrimination raciale dans le commerce de détail. Dans une célèbre étude sur les ventes de voitures neuves en concession aux États-Unis, Ayres et Siegelman (1995)[23] avaient montré que les personnes de couleur noire payaient en moyenne plus cher leur voiture que celles de couleur blanche : dans l'ancien monde, les prix étaient donc parfois... racistes ! Mais on pourrait penser que le commerce en ligne a éradiqué ce type de comportement, dans la mesure où les transactions sont anonymes et instantanées : par exemple, lorsqu'une personne décide d'acheter un livre sur Amazon ou de réserver un hôtel sur Booking, le prix pratiqué s'affiche avant même qu'il ne se soit identifié. Exit le délit de faciès.

Mais il n'en va pas toujours ainsi, en particulier dans l'économie dite « collaborative », qui repose sur un principe d'acceptation réciproque entre des personnes bien identifiées : elle suppose donc que le client se connecte à son compte, avant de valider la transaction.

23 I. Ayres, P. Siegelman (1995) "Race and Gender Discrimination in Bargaining for a New Car", *American Economic Review*, vol. 85, N° 3, pp. 304-321

Trois économistes de l'université d'Harvard ont réalisé en 2015 une expérience statistique intéressante sur le site Airbnb[24]. Ils ont créé 20 comptes clients – certains avec des noms à consonance africaine, d'autres avec des noms « américains » – et ont envoyé 6 400 messages à des hôtes proposant des logements dans 5 grandes villes américaines.

Le résultat de leur étude est assez éloquent : une personne ayant un nom à consonance africaine a 16 % de chances en moins d'être accepté par un hôte, comparativement à une personne au profil identique mais ayant un nom américain. Les auteurs ne tranchent pas la question de savoir si ce comportement de discrimination des propriétaires provient d'un biais raciste ou d'un biais social, les personnes de couleur noire étant en moyenne plus pauvre que les personnes de couleur blanche. Toujours est-il que l'économie collaborative ne collabore pas toujours avec tout le monde.

Comment lutter contre ce type de dérive dans le numérique ? Une première solution consisterait à permettre aux internautes d'utiliser des pseudonymes mais elle risque de susciter la défiance mutuelle : qui se cache vraiment derrière le pseudo ? Une autre solution serait de développer la pratique de la réservation instantanée qui ne permet pas à l'offreur de connaître l'identité du client au moment où il achète ou réserve. Mais on peut aussi compter sur la vigilance des plates-formes, qui n'ont aucune envie de voir leur réputation entachée par des accusations de discrimination raciale. Airbnb a ainsi réagi à l'étude d'Harvard en renforçant ses procédures d'information, de contrôle et de traitement des plaintes. Si elle ne remplacera jamais la régulation par les pouvoirs publics, l'autorégulation des plateformes par la réputation a parfois du bon.

Chronique publiée dans L'Opinion le 18 juillet 2018.

24 B. Edelman, M. Luca (2014) "Racial Discrimination in the Sharing Economy: Evidence from a Field Experiment", *Working paper Harvard Business School*, N° 14/054

Prix sur Internet : à la hausse ou à la baisse ?

L'essor d'Amazon s'est traduit aux Etats-Unis par une plus grande uniformisation des prix : en effet, face à Amazon, les enseignes de la grande distribution n'ont d'autre choix que de s'aligner rapidement sur les prix du géant du e-commerce. Mais aligner ses prix signifie-t-il pour autant les baisser ? On pourrait a priori penser que « oui » et ce pour trois raisons principales.

La première est assez classique : comparativement aux chaînes de distribution physique, les sites *« pure player »* supportent de forts coûts fixes – celui des entrepôts géants – mais un faible coût marginal. Ils bénéficient donc d'économies d'échelle, ce qui leur permet de baisser les prix.

De même, la seconde raison est assez usuelle : l'entrée sur le marché de nouveaux distributeurs en ligne s'apparente à un choc concurrentiel. L'augmentation du nombre d'acteurs exerce mécaniquement une pression à la baisse sur les prix.

La troisième raison est plus nouvelle : Internet diminue drastiquement les « coûts de recherche d'information ». Rappelons qu'avant Internet, il était coûteux de trouver de l'information sur un prix. Par exemple, lorsque le client d'un magasin A, localisé à proximité de son domicile, voulait comparer le prix dans un magasin B, situé loin de chez lui, il devait se déplacer, ce qui est coûteux en temps. Compte tenu de ce coût, le magasin A pouvait augmenter dans un certaine mesure ses prix, sans craindre que le client n'aille voir ailleurs. L'existence de coûts de recherche d'information donnait un pouvoir de marché local au vendeur sur son client.

Mais Internet est venu changer la donne : les prix sont désormais accessibles pour tous les clients, qui peuvent les comparer d'un simple clic de souris. Internet a augmenté la transparence de l'information et réduit le pouvoir de marché des distributeurs. Une étude empirique menée en Israël[25] sur l'impact d'une législation imposant à tous les supermarchés d'afficher leurs prix sur Internet confirme cette intuition. Les auteurs observent tout d'abord une diminution de la dispersion des prix : un même produit, qui avait auparavant 20 prix différents, n'en a plus que 5 en moyenne !

Mais surtout, ils montrent que les prix ont baissé de 4 à 5 %, essentiellement dans les supermarchés où la concurrence locale est faible. La transparence de l'information a été mise à profit par les consommateurs pour faire jouer la concurrence. Toutefois, ce résultat n'a rien de général.

Ainsi, le gouvernement chilien a rendu obligatoire en 2012 l'affichage en temps réel et sur Internet du prix des carburants. Un économiste a montré que l'effet avait été d'augmenter les marges des distributeurs de 9 %[26]. La raison principale est qu'il s'agit d'un marché oligopolistique : la transparence de l'information a favorisé la coordination des prix entre les concurrents, c'est-à-dire une forme de collusion. La passivité des consommateurs, qui consultent peu les prix de l'essence sur Internet, n'a pas permis de contrecarrer cet effet anti-concurrentiel, qui nécessiterait une intervention correctrice des autorités de concurrence.

Autant dire que la transparence des prix sur Internet peut parfois conduire à un alignement des prix… à la hausse.

Chronique publiée dans L'Opinion le 18 novembre 2020, à la suite de la publication de plusieurs études académiques sur l'impact du numérique sur les prix.

---

25 I. Ater, O. Rigbi (2018) "The Effects of Mandatory Disclosure of Supermarket Prices" CESIFO Working paper, N° 6942, 61 p.

26 Eggers (2019) "Using massive online choice experiments to measure changes in well-being", *PNAS* N° 116, pp. 7250-7255

Commerce en ligne : haro sur le *géoblocking* !

En cette période de Noël, les Français achèteront une partie de leurs cadeaux sur des sites localisés en France mais peut-être aussi chez des e-commerçants implantés à… l'étranger. La pratique des ventes transfrontalières sur Internet reste pour l'instant peu répandue : elle ne concerne que 22 % des Français, qui ne sont pourtant pas les derniers en Europe.

Cette réticence s'explique d'abord par de multiples obstacles comportementaux : peur de ne pas être livré à temps, difficulté de passer commande dans une autre langue que la sienne, crainte de ne pouvoir faire valoir ses droits en cas de problème avec le vendeur, etc. Mais une autre raison explique aussi cette faiblesse du e-commerce entre Européens : lorsqu'un client trouve un produit sur un site étranger, il est parfois empêché de finaliser sa transaction, en étant par exemple redirigé automatiquement vers le site de son pays de résidence *(« rerouting »)* ou en se voyant refuser le paiement avec sa carte de crédit étrangère.

Cette pratique, dénommée «geoblocking», permet aux producteurs et distributeurs de cloisonner les marchés, en fixant des prix et des conditions différentes selon les pays et en empêchant les clients d'acheter là où bon leur semble. Une enquête de la Commission a révélé l'ampleur du phénomène : en 2016, sur 100 sites de ventes en ligne, seuls 37 d'entre eux permettaient à un client de finaliser la transaction sur un site étranger.

Mais la situation pourrait bien évoluer dans les mois à venir, à la faveur d'un nouveau texte européen, entré en vigueur le 3 décembre et qui interdit certaines pratiques de geoblocking, comme le *« rerouting »* automatique. La Commission entend clairement stimuler le développement d'un grand marché du e-commerce en Europe, comme elle l'a fait dans le passé pour le commerce physique : fini les frontières artificielles sur Internet, au moins pour les marchandises !

La question qui se pose alors est de savoir à qui profitera demain cette ouverture. Une étude d'Idéalo vient apporter des éléments de réponse, guère rassurants pour notre pays. Nous, Français, achetons pour 23 % sur les sites à l'étranger mais les étrangers achètent peu chez nous : nous représentons seulement 3 % des achats transfrontaliers en Europe, derrière l'Espagne et l'Autriche. Notre positionnement contraste avec celui de l'Allemagne : les Allemands sont certes ceux qui achètent le plus sur les sites à l'étranger mais ce sont aussi ceux qui attirent le plus les internautes du reste de l'Europe, en réalisant 83 % du volume des transactions.

Des internautes qui ne viennent pas seulement pour acheter des produits allemands à des prix compétitifs mais aussi pour bénéficier de services de qualité avant, pendant et après l'achat on-line, sur de multiples produits. Les Allemands appliquent en réalité au commerce en ligne la recette qui a fait leur succès dans l'industrie : toujours offrir au client le meilleur rapport entre le prix et… la qualité.

Chronique publiée dans L'Opinion le 12 décembre 2018, à la suite de la publication par la Commission européenne du Règlement Géoblocking.

Chapitre 7

L'implacable mécanique des plateformes numériques

Le numérique a littéralement envahi nos vies quotidiennes : ainsi, chaque semaine, un Américain consacre en moyenne 22 heures à naviguer sur Internet ; chaque jour, un utilisateur de réseau social passe en moyenne 50 minutes sur son application.

Même si nous n'en avons pas toujours une claire conscience, nous accordons une grande valeur aux services que les géants du numérique nous délivrent. Si l'on demandait à chacun combien il serait prêt à payer pour accéder à un réseau social ou utiliser Google search, nous serions sans doute surpris du résultat : une expérience a montré que l'usage d'Internet nous procure une utilité très forte, au point de devenir un besoin indispensable (« *La vie sans Internet : à quel prix ?* »). Si nous ne réalisons pas toujours la vraie valeur de ces services, c'est parce qu'ils sont le plus souvent proposés à titre « gratuit ». Mais c'est oublier qu'en réalité nous payons indirectement, en mettant à disposition nos données privées, qui seront ensuite monétisées, notamment auprès des annonceurs (« *Plateformes numériques : face qui rit, face qui paye* »).

L'économie numérique se caractérise le plus souvent par la domination de quelques acteurs et la persistance de leur position au cours du temps. Il n'y a en réalité rien de très surprenant à cela : les plateformes présentent des caractéristiques qui conduisent presque mécaniquement à la concentration (« *Les GAFAM, des monopoles irrésistibles ?* »). De plus, l'accumulation de données au cours du temps joue un rôle décisif dans la persistance de ces positions dominantes : par exemple, une plateforme qui vend plus de livres ou des livres depuis plus longtemps que sa concurrente sera en mesure de faire de meilleures recommandations sur les livres qui pourraient intéresser les clients (« *GAFAM : que la date soit avec toi* »). Dans la même veine, les économies d'expérience permettent d'améliorer en permanence la performance d'un algorithme (« *Économie numérique : la barrière de l'expérience* »).

Faut-il pour autant en conclure que la règle du « winner takes all » s'impose en toutes circonstances dans le numérique ? On pourrait le penser de prime abord, si l'on considère la part de marché de Google sur les moteurs de recherche, supérieure à 90 % en Europe. Mais, en réalité, si la règle du *« winner takes all »* est un principe général assez pertinent, elle nécessite toutefois d'être adaptée au cas par cas, en fonction des spécificités de chaque marché numérique (« *The winner doesn't always take all* »).

La vie sans Internet : à quels prix ?

À l'heure où Google et Facebook suscitent la critique sur l'utilisation de nos données personnelles, force est de constater que nous continuons pourtant à utiliser fortement leurs services : chaque semaine, un Américain consacre en moyenne 22 heures à naviguer sur Internet ; chaque jour, un utilisateur de réseau social passe en moyenne 50 minutes sur son application et ils sont plus de 2,2 milliards à être actifs sur un site comme Facebook.

L'engouement pour ces services numériques est d'autant plus fort qu'ils nous sont fournis à titre « gratuit » : si Google et Facebook génèrent des milliards de dollars sur le marché de la publicité grâce à nos données personnelles, il n'en demeure pas moins que nous ne payons rien directement pour pouvoir naviguer sur un moteur de recherche ou discuter avec un groupe d'amis. La gratuité n'a rien d'évident : on pourrait tout à fait imaginer un monde dans lequel chacun paierait un abonnement mensuel – ou à l'acte – pour pouvoir accéder à un réseau social ou utiliser Google search. Mais dans ce cas, combien serions-nous prêts à payer ? Quelle valeur donnerions-nous à ces services ?

Pour répondre à cette question, trois chercheurs ont demandé à un échantillon de personnes combien chacune d'entre elle exigerait en compensation, si on la privait d'un service numérique pendant un an[27]. Cela revient indirectement à lui demander qu'elle est sa disposition maximale à payer, en fixant un prix. Les résultats de leur sondage sont très instructifs.

En premier lieu, la moitié des sondés – des Américains – exige une compensation annuelle très élevée : pas moins de 17 530 dollars si on les prive pendant un an de tout accès à Internet ! 8 400 dollars si

27 E. Brynjolfsson, A. Collis, F. Eggers (2019) « Using massive online choice experiments to measure changes in well-being », *PNAS*, pp. 7250-7255

on leur coupe leur e-mail ; 1 173 dollars si on les prive de tout accès aux vidéos en ligne. Nous voyons à quel point l'usage d'Internet est entré dans notre vie quotidienne et nous procure une utilité très forte, au point de devenir un besoin presque indispensable.

En second lieu, les chercheurs montrent que toutes les applications sur Internet n'ont pas la même valeur aux yeux de leurs utilisateurs : menée sur un échantillon d'étudiants en Europe, le sondage révèle que WhatsApp est fortement valorisé, avec une compensation exigée de 536 dollars par mois, suivi de Facebook (97 dollars) et d'une application de géolocalisation (59 dollars). En revanche, des applications pourtant très populaires comme Instagram, Snapchat, LinkedIn recueillent de faibles valorisations médianes, au mieux de quelques dollars par mois ; la disposition à payer atteint même zéro dollar pour la moitié des utilisateurs de… Twitter.

La forte utilité que procurent certains services numériques – et notamment le fait de pouvoir surfer sur Internet ou d'échanger sur un réseau social – a une conséquence importante au niveau macroéconomique : comment prendre en compte cette utilité lorsque l'on mesure la richesse d'un pays ? En effet, l'indicateur usuellement retenu – le produit intérieur brut – est basé sur des données en volume et… en prix. Or, dans le cas de Facebook, Wikipedia ou Google, le prix payé par l'utilisateur est égal à zéro ; même si les revenus indirects de ces services sont intégrés au PIB via la publicité, leur contribution directe à la création de richesse est donc considérée comme… nulle. Décidément, le numérique n'en finit pas de bouleverser le monde économique, au point de remettre même en cause nos indicateurs de mesure les plus établis.

Chronique publiée dans L'Opinion le 4 novembre 2019, à la suite de la publication d'une étude académique sur l'utilité d'Internet pour les particuliers.

Plateformes numériques : face qui rit, face qui paye

Economies d'échelle, d'expérience, de gamme, effets de réseau : ces différents facteurs conduisent, dans le cas des plateformes numériques, à des situations d'oligopole, voire de quasi-monopole. Dans cette course à la concentration, la capacité à enclencher un cercle vertueux sur les deux faces du marché joue un rôle crucial.

Prenons l'exemple des applications de VTC, où existent de forts effets de réseau indirects et symétriques entre utilisateurs et chauffeurs. En effet, plus il y a de chauffeurs sur une application donnée, plus les clients ont intérêt à la télécharger. De manière symétrique, plus une application de VTC est utilisée, plus les chauffeurs ont intérêt à travailler pour cette dernière, afin d'obtenir davantage de courses. L'enjeu pour la plateforme est donc d'enclencher un « effet boule de neige » sur les deux faces du marché, au besoin en les subventionnant au départ.

Ainsi, selon certains économistes, pour pénétrer rapidement de nouveaux marchés géographiques, Uber n'aurait pas hésité à subventionner les chauffeurs, en leur assurant pendant quelques mois un revenu garanti. De même, Uber a lancé en direction des clients de vastes campagnes de promotion pour les inciter à rejoindre l'application. Cette stratégie expliquerait en partie les pertes colossales et récurrentes supportées par Uber : pas moins de 8,5 milliards de dollars pour la seule année 2019.

Dans certains cas, une plateforme peut même décider de subventionner une seule face du marché, en lui appliquant un prix… nul. Tel est le cas de Google search, de Facebook ou Twitter : ces applications sont en effet gratuites pour les utilisateurs. Ce choix de tarification s'explique par la présence d'effets de réseau indirects mais sur une seule face du marché : si les utilisateurs de Facebook ne sont pas particulièrement friands de publicité digitale, les annonceurs en revanche apprécient le fait qu'ils soient 2,7 milliards et mettent à disposition des données précieuses pour faire du « ciblage publicitaire ». La face du marché la plus sensible au prix – ici les utilisateurs – se voit appliquer un prix nul, tandis que l'autre face, celle des annonceurs, paye.

Chaque utilisateur rapporte ainsi indirectement environ 30 dollars par an à Facebook. Cette tarification différenciée selon la face du marché n'a rien de nouveau : elle existait déjà, bien avant le numérique, dans des activités comme les journaux gratuits ou les boîtes de nuit, ces dernières pratiquant parfois une tarification différenciée selon le sexe. Le fait que les utilisateurs ne paient pas directement pour le service ne signifie pas qu'ils ne lui accordent aucune valeur. Selon une étude, la moitié des utilisateurs américains de Facebook n'accepteraient de renoncer à ce réseau social pendant un mois, qu'en échange d'une somme de… 48 dollars.

Cette situation peut sembler assez paradoxale : à force d'être gratuites, certaines plateformes semblent être devenues indispensables pour une partie des utilisateurs. Serait-il temps de les rendre payantes ? Cela permettrait de mieux refléter leur valeur réelle, tout en offrant aux utilisateurs une plus grande maîtrise sur la contrepartie, à savoir la mise à disposition de leurs données personnelles.

Chronique publiée dans L'Opinion le 28 octobre 2020, dans le cadre d'une série sur les plateformes numériques.

Les GAFAM, des monopoles irrésistibles ?

Sale temps pour les GAFAM : alors que l'Europe réfléchit à un nouvel instrument de concurrence pour mieux les réguler (le *Digital Market Act* et le *Digital Service Act*), les Américains n'hésitent plus à prononcer le terme de « démantèlement ».

En amont de ces débats sur la régulation des GAFAM, se pose une question aussi simple que fondamentale : comment expliquer que les plateformes numériques se retrouvent souvent en situation d'oligopole, voire de quasi-monopole ? Réservation hôtelière en ligne, petites annonces immobilières, moteurs de recherche ou réseaux sociaux : quelques acteurs – voire un seul – font l'essentiel du marché. Il n'y a en réalité rien de très surprenant à cela : les plateformes présentent des caractéristiques qui conduisent presque mécaniquement à la concentration.

Première caractéristique : de forts coûts fixes – songeons à la mise au point d'un algorithme performant – alors que le coût marginal est proche de zéro. En d'autres termes, un utilisateur de plus sur le réseau social Facebook ne change pas radicalement le coût de production. Cela signifie que les économies d'échelle sont potentiellement infinies : la taille du marché peut être mondiale. Et la rentabilité d'une plateforme va dépendre de sa capacité à atteindre une taille critique : les profits viendront avec l'augmentation du nombre d'utilisateurs.

Seconde caractéristique : de puissants effets de réseau. Un utilisateur d'un site de rencontres est d'autant plus content de l'utiliser que le nombre d'utilisateurs du même réseau est élevé (effet de réseau direct). De même, plus il y a d'utilisateurs sur un réseau social, plus les annonceurs, qui sont sur la face payante du marché, ont intérêt à y faire de la publicité (effet de réseau indirect). Cela est propice à un

« effet boule de neige », tel qu'on en a déjà connu dans le passé, avec par exemple la course au standard entre VHS et Betamax. Au départ, plusieurs compétiteurs s'affrontent mais dès lors que l'un parvient à enclencher un effet de réseau en sa faveur, le marché peut très vite basculer : la plateforme qui a réussi à capter un peu plus d'utilisateurs aujourd'hui que sa concurrente a de fortes chances d'en acquérir plus demain et de conforter son avance. A la fin de la course, il ne reste que quelques acteurs sur le marché.

Plus encore, une fois la course gagnée, l'effet de réseau va jouer comme une barrière à l'entrée : si une nouvelle plateforme concurrente apparaît, les usagers ont intérêt à attendre que les autres en changent avant de faire de même, situation qualifiée « d'excès d'inertie ». L'enjeu est de savoir comment « fluidifier » à nouveau le marché et veiller à ce que cette situation ne soit pas préjudiciable à la concurrence sur des marchés voisins.

C'est toute la difficulté et la subtilité des débats : il ne s'agit pas d'interdire les positions dominantes en tant que telles mais de s'assurer que la compétition restera ouverte à de nouveaux acteurs innovants, et que celui qui a gagné hier une course sur un marché n'utilisera pas son pouvoir pour préempter d'autres courses à venir.

Chronique publiée dans L'Opinion le 15 octobre 2020, dans le cadre d'une série sur les plateformes numériques.

GAFAM : que la data soit avec toi

Les plateformes numériques présentent deux caractéristiques essentielles – des économies d'échelle et des effets de réseau – propices à un phénomène de « course au standard ». Cette tendance à la sélection de quelques entreprises au cours du temps est renforcée par la présence d'économies d'expérience et de gamme.

Une économie d'expérience désigne le fait que plus une entreprise produit depuis longtemps, plus elle est efficace, dans la mesure où elle apprend de ses erreurs passées. Cette notion, très utilisée dans des industries traditionnelles telles que la construction aéronautique ou la fabrication de semi-conducteurs, peut également s'appliquer aux plateformes numériques. En effet, pour mettre en relation efficacement des offreurs et des demandeurs, les plateformes ont besoin d'accumuler des données sur les deux faces du marché : qui sont les clients ? Qui sont les vendeurs ? Comment se comportent-ils ? Cette accumulation d'informations va permettre d'améliorer en permanence la qualité de l'algorithme de *« matching »,* au travers d'une boucle de rétroaction.

Par exemple, une plateforme qui vend plus de livres ou des livres depuis plus longtemps que sa concurrente disposera de plus de données sur les comportements de navigation et d'achat de ses visiteurs. Elle sera alors en mesure de faire de meilleures recommandations sur les livres qui pourraient les intéresser demain et anticiper ainsi la demande. De même, dans le cas d'une application de mise en relation de clients avec des chauffeurs, le nombre de connexions et de courses passées joue un rôle important : il permet à l'algorithme d'être plus pertinent pour fixer le prix d'une course, anticiper les pics de demande voir même privilégier certains profils de clients.

Comme le résume Peter Novig, patron de la recherche de Google, *« nous n'avons pas de meilleurs algorithmes que les autres ; nous avons juste plus de données que les autres »*. Cette accumulation de données génère pour le client des gains d'efficacité, en améliorant la qualité du service rendu. Mais d'un autre côté, elle rend plus difficile l'entrée d'un nouveau concurrent sur le marché.

Outre des économies d'expérience, l'accumulation de données permet de bénéficier d'économies de gamme. Une économie de gamme désigne le fait que produire deux biens ou services en même temps est moins coûteux que de les produire séparément, tout simplement parce que l'intrant – ici la donnée – est le même. Ainsi, lorsqu'une plateforme a accumulé de nombreuses données sur ses clients sur un marché A, elle pourra pénétrer rapidement un marché B, si les données utiles sont similaires.

Par exemple, si un algorithme de transport de passagers avec chauffeur est performant, il pourra être aussi utilisé pour délivrer des repas à domicile ou au bureau. À nouveau, les économies de gamme ont un effet ambivalent : elles permettent aux clients de bénéficier immédiatement d'une qualité de service sur le marché B ; en contrepartie, une plateforme puissante sur le marché A risque de marginaliser très vite un nouvel opérateur qui serait uniquement présent sur le marché B. Avoir gagné une course sur un marché peut procurer un avantage décisif dans d'autres courses sur d'autres marchés… grâce à la force de la data.

Chronique publiée dans L'Opinion le 15 octobre 2020, dans le cadre d'une série sur les plateformes numériques.

Économie numérique : la barrière de l'expérience

L'économie numérique est propice à la concentration des marchés aux mains de quelques acteurs. Un nouvel entrant qui voudra rivaliser demain avec les GAFAM devra franchir plusieurs obstacles, des « barrières à l'entrée ». Une première barrière est constituée par l'ampleur des coûts fixes et irrécupérables, notamment pour mettre au point un algorithme performant.

Pour amortir ce coût fixe, le nouvel entrant devra disposer d'un grand nombre d'utilisateurs ou de clients, ce qui le met face à une seconde barrière à l'entrée : les effets de réseaux, directs comme indirects. Dans le cas par exemple d'une application de VTC, pour attirer les premiers clients, il devra disposer dès le départ d'un nombre suffisant de chauffeurs. Symétriquement, les chauffeurs ne s'inscriront sur cette nouvelle application que si le nombre de clients permet de leur apporter un flux suffisant d'affaires.

Une troisième barrière à l'entrée va se présenter à lui : les « économies d'expérience ». Il s'agit d'une barrière liée à un avantage temporel : produire depuis longtemps permet d'apprendre de ses erreurs, de s'améliorer et de devenir plus efficace. Dans le cas du numérique, cela signifie que l'avantage qu'une plateforme en place retire de la possession de données provient moins de leur grande quantités que de leur accumulation au cours du temps.

Prenons l'exemple d'un moteur de recherche : l'efficacité d'un algorithme – c'est-à-dire sa capacité à fournir une réponse pertinente à la requête d'un internaute – s'améliore au fil du temps, dans la mesure où il tient compte de l'historique des recherches passées. Il en va de même pour les plateformes de streaming : la capacité de Spotify à faire des recommandations pertinentes prend appui sur le comportement passé de l'utilisateur, ce qui permet de mieux connaître ses goûts et d'affiner toujours plus le ciblage des contenus.

De même, dans le commerce en ligne, l'historique des ventes permet d'améliorer la qualité des prévisions et d'avoir en permanence le « bon » niveau de stock. Ainsi, une étude du NBER sur le cas d'Amazon[28] montre que la qualité des prévisions de ventes hebdomadaires sur un produit augmente avec le nombre de périodes durant lesquelles ce produit est proposé à la vente. À l'inverse, les auteurs de l'étude montrent que le nombre de produits proposés à la vente et qui appartiennent à la même catégorie que le produit vendu n'influe pas sur la qualité de la prévision. La profondeur historique des données jouerait ainsi un rôle plus déterminant que le volume des données.

Est-ce à dire que la barrière de l'expérience est infranchissable ? Pas si sûr. La hauteur d'une barrière est toujours relative à la puissance de celui qui la franchit. Lorsqu'un Gafam souhaite entrer sur un nouveau marché, il peut s'appuyer sur son expérience sur des marchés adjacents ainsi que sur sa communauté d'utilisateurs existante. Il pourra aussi faire le choix de procéder à l'acquisition d'un acteur présent sur un marché connexe qui dispose d'ores et déjà de cette expérience. De plus, un nouvel entrant n'est pas toujours obligé de « sauter » une barrière. Il peut aussi faire le choix de la contourner, en se lançant sur un nouveau marché avec un nouveau produit. Cela s'appelle l'innovation disruptive.

Chronique publiée dans L'Opinion le 7 Décembre 2020, dans le cadre d'une série sur les plateformes numériques.

28 P. Bajari, V.Chernozhukov, A.Hortaçsu & J. Suzuki (2018)"The Impact of Big Data on Firm Performance: An Empirical Investigation", *NBER Working paper* N° 24334.

« The winner doesn't always take all »

Il existe à l'évidence dans le numérique des facteurs propices à la concentration du marché, à l'image des effets de réseau. Faut-il pour autant en conclure, comme on l'entend souvent, que la règle du *« winner takes all »* s'impose en toutes circonstances ? On pourrait le penser de prime abord, si l'on considère la part de marché de Google sur les moteurs de recherche, supérieure à 90 % en Europe. Même constat pour Facebook, qui représenterait plus de 70 % du marché des réseaux sociaux.

Mais, sur la base de ces constats particuliers, il serait hâtif d'en tirer des conclusions générales sur l'économie numérique.

Tout d'abord, sur de nombreux marchés, la situation est plutôt celle d'un duopole, voire d'un oligopole asymétrique. Ainsi, dans le domaine de la réservation en ligne d'hôtels, la part de marché de Booking en Europe serait de l'ordre de 50 %, contre 20 % pour Expedia et 20 % pour les réservations en direct. On notera d'ailleurs que la situation est assez différente aux États-Unis, avec Expédia devant Booking.

De même, dans le secteur de la musique en ligne par abonnement, Spotify est leader en Europe, mais doit faire face aujourd'hui à de puissants concurrents comme Apple Music ou Amazon Music. L'existence d'un second ou troisième concurrent est importante : elle signifie que l'intensité concurrentielle d'un marché peut évoluer, surtout si les challengers disposent de fortes capacités financières pour monter rapidement en puissance.

Plutôt que de se focaliser sur les parts de marché à un instant donné, il est plus pertinent d'analyser la dynamique du marché : y a-t-il au cours du temps, un rééquilibrage entre les challengers et le leader ou, a contrario, une marginalisation progressive des suiveurs ?

Plus encore, même si un acteur a triomphé dans une course, il n'est pas certain qu'il soit à l'abri de l'arrivée d'un nouveau concurrent qui remette en cause sa position de leader. C'est ce que les économistes dénomment le degré de « contestabilité » d'un marché. Ce degré dépend de l'ampleur des barrières à l'entrée et des possibilités pour les utilisateurs de changer facilement de plateforme.

En particulier, le fait que les besoins des clients soient différenciés constitue un facteur propice à l'entrée de nouvelles plateformes. L'exemple de la SVOD est à cet égard intéressant : la variété des goûts des clients est telle qu'elle favorise la coexistence de plusieurs plateformes, avec des catalogues très différents. Ainsi, si Netflix a longtemps été leader incontesté, elle n'a pu empêcher l'entrée de Disney+ : le célèbre studio vise les 50 millions d'abonnés un an seulement après son lancement à la fin 2019. C'est 25 % du nombre d'abonnés total de Netflix, après treize ans d'existence.

A contrario, sur un marché comme les VTC, les besoins des clients sont assez peu différenciés : ils veulent simplement effectuer un trajet entre un point A et B, sans délai d'attente et à un prix compétitif. Il est probable que la contestabilité d'un tel marché soit assez faible.

Moralité : si la règle du *« winner takes all »* est un principe général assez pertinent, elle nécessite toutefois d'être adaptée au cas par cas, en fonction des spécificités de chaque marché numérique.

Chronique publiée dans L'Opinion le 3 novembre 2020, dans le cadre d'une série sur les plateformes numériques.

Chapitre 8

La disruption (créatrice) est sous nos yeux

La croissance économique n'est pas un long fleuve tranquille : elle prend bien souvent la forme de vagues d'innovations qui viennent relancer la productivité et l'emploi, en se diffusant à toute l'économie. Ce processus de « destruction créatrice », mis en évidence par Schumpeter il y a un siècle et remis à l'honneur par les travaux de Ph. Aghion, se manifeste par l'entrée de nouveaux acteurs, que l'on ne voit pas vraiment venir et qui vont s'affranchir de l'existant. Leur ambition n'est pas de produire ce qui existe déjà en mieux mais de redéfinir de manière radicale les contours du produit et du marché (« *Le disrupteur ne franchit pas les barrières, il s'en affranchit* »).

À cet égard, nous sommes sans doute à l'aube d'une nouvelle période de forte croissance économique, si l'on en juge par les développements fantastiques de l'intelligence artificielle. Il s'agit en effet d'une « innovation à usage général », au même titre que la machine à vapeur, l'électricité ou l'informatique dans le passé. Mais pour que l'intelligence artificielle puisse délivrer demain tout son potentiel en termes de productivité et de croissance économique, nous devrons procéder à de fortes innovations organisationnelles, qui risquent de se heurter à des comportements d'attentisme ou de résistances sociales au changement (« *Intelligence artificielle : disruption à venir* »).

Il est donc important pour un pays de ne pas bloquer l'entrée de ces start-up innovantes au travers de réglementations trop défensives ou malthusiennes. Les entreprises de croissance constituent en effet l'ingrédient essentiel de notre croissance économique future : ce sont elles qui tirent les gains de productivité et l'emploi (« *Viva la tech* »). Ces jeunes pousses prometteuses sont souvent confrontées à la barrière du financement : leur accès aux financements externes se fait essentiellement au travers du capital-risque. L'Europe accuse en la matière un certain retard par rapport au reste du monde. L'enjeu véritable pour l'Europe est moins celui de la naissance des start-up que leur croissance forte et rapide, afin qu'elles deviennent de nouveaux géants (« *Start-up : faire croître les géants de demain* »). Un levier pour les pouvoir publics peut consister à accompagner les jeunes pousses en finançant des projets audacieux, sans jamais se substituer à l'initiative privée foisonnante. Le cas de la conquête spatiale est à cet égard éclairant : le retour gagnant des États-Unis depuis 10 ans dans ce secteur s'explique d'abord par l'arrivée de nouveaux innovateurs, soutenus par la NASAS au travers de grands programmes ouverts à la concurrence (« *Space X : aux origines d'une innovation disruptive* »).

A contrario, si nous ne faisons pas le choix de la destruction créatrice, nous risquons de le payer cher demain, en termes de croissance. À cet égard, la crise du Covid-19 a révélé au grand jour la situation délicate de notre pays en matière d'innovation pharmaceutique : si la France n'a pas pris part à la course au vaccin, c'est parce que nous n'avons pas engagé il y a 20 ans le virage de la révolution des bio-médicaments. Nous sommes restés sur notre trajectoire d'innovation incrémentale, en sous-estimant le potentiel de ces innovations de rupture (« *Disruption pharmaceutique* »). Les États-Unis eux-mêmes, pourtant à la pointe de l'innovation, s'inquiètent du déclin de leur dynamisme économique : selon certains économistes, les disrupteurs d'hier – notamment les fameux GAFAM – se seraient transformés à leur tour en rentiers, tentant de bloquer l'arrivée de nouvelles innovations disruptives (« *Mais où est passée la destruction créatrice ?* »).

Le disrupteur ne franchit pas les barrières, il s'en affranchit

Pour entrer sur un marché existant, un nouvel opérateur doit franchir des barrières à l'entrée qui peuvent être très élevées. Ainsi, s'il veut concurrencer les géants du numérique sur leur propre terrain, la tâche sera ardue pour lui : par exemple, s'il se lance sur le segment des réseaux sociaux, il ne bénéficiera pas des 3 milliards d'utilisateurs déjà connectés à l'éco-système Facebook/Instagram et des forts effets de réseau directs qui en résultent.

Mais une autre solution s'offre à lui : plutôt que de franchir les barrières existantes, il peut tenter de les contourner, en lançant une innovation qui lui permette de créer son propre marché. Une fois sa propre base de clients conquise, il peut alors tenter de migrer progressivement vers les clients des entreprises installées. Cette stratégie, analysée par Clayton Christensen dès 1997 dans son livre *The innovator dilemma*, porte un nom : « l'innovation disruptive ». Elle consiste, pour un nouvel entrant, à cibler dans un premier temps des personnes qui n'utilisent pas ou plus un service. Pour ce faire, le disrupteur va redéfinir les besoins à satisfaire, le plus souvent dans un sens minimaliste, afin que ces personnes se (re) mettent à consommer.

Une première illustration peut être trouvée hors du numérique, dans le transport aérien : face aux compagnies historiques, les compagnies low cost ont ciblé au départ les clients qui ne voyageaient pas. L'enjeu pour elles était de leur offrir une prestation minimaliste en échange d'un prix bas. Ce faisant, elles se sont affranchies du modèle dominant, fondé sur l'organisation d'un réseau en étoile et la promesse de nombreuses correspondances : elles ont simplement proposé aux clients de les transporter d'un point A à un point B.

Dans un registre plus proche du numérique, Airbnb est également entré sur le marché de l'hébergement temporaire, en allant vers une clientèle qui n'allait pas ou peu à l'hôtel. Airbnb a mis en relation des demandeurs et des offreurs de logements temporairement vacants, sans avoir à construire de nouvelles capacités hôtelières. L'expérience client a été également redéfinie, en externalisant ou supprimant une grande partie des prestations proposées dans un hôtel.

Une fois conquis un socle de clients stables, ces modèles disruptifs évoluent vers celui de leurs aînés, quand ce n'est pas l'inverse qui se produit : le modèle disruptif entre alors en concurrence frontale avec celui des opérateurs installés. Le cas de l'aérien est à cet égard instructif : les low cost ont fait monter en gamme leur prestation, tandis qu'au même moment les opérateurs historiques adoptaient certains codes du low cost.

Dans le cas du numérique, où les barrières à l'entrée sont élevées, la dynamique de la concurrence viendra peut-être demain d'une innovation disruptive, qui remettra progressivement en cause les positions les plus établies. Ainsi, un modèle numérique pourra disrupter un autre modèle numérique. Mais pour qu'une telle potentialité survienne, encore faut-il que ces modèles disruptifs ne soient pas rapidement rachetés et intégrés… par les géants du numérique.

Chronique publiée dans L'Opinion le 15 décembre 2020, dans le cadre d'une série sur les plateformes numériques.

Intelligence artificielle : disruption à venir

La productivité du travail connaît un net rebond depuis la crise Covid-19, après plus de quinze ans d'atonie dans les pays développés. Ainsi, aux États-Unis, pour le premier trimestre 2021, elle a bondi à 5,4 %, contre une moyenne de 1,5 % avant la crise sanitaire. On peut y voir un simple effet de rattrapage, avec la remise en route de l'économie américaine à un rythme accéléré.

Mais on peut aussi penser que ce regain de la productivité exprime des changements structurels, lancés à l'occasion de la crise Covid-19 et qui perdureront après elle. Tout d'abord, le travail à distance va durablement s'implanter dans les entreprises et améliorer les performances des salariés, en limitant les pertes de temps. Ensuite, les achats en ligne sont devenus une habitude pour les consommateurs et les entreprises ont vu tout l'intérêt de ce nouveau canal de distribution, en complément de leurs points de vente physiques. Enfin, la robotisation des chaînes de production s'est accélérée, tandis que l'intelligence artificielle commence à se diffuser dans certains secteurs.

À cet égard, plusieurs économistes – à l'image d'Erik Brynjolfsson du MIT[29]– considèrent que l'intelligence artificielle va être à l'origine d'une période de forte croissance économique, parce qu'il s'agit d'une « innovation à usage général » *(« general purpose technologies »)*, au même titre que la machine à vapeur, l'électricité ou l'informatique dans le passé. Selon Bresnahan et Trajtenberg[30], une innovation à usage

---

29 E. Brynjolfsson, D. Rock, C. Syverson (2017) « Artificial Intelligence and the Modern Productivity Paradox: A Clash of Expectations and Statistics", *Working paper NBER*, N° 24001, 46 P.

30 Timothy F. Bresnahan & Manuel Trajtenberg (1992) "General Purpose Technologies "Engines of Growth?", *Working Paper NBER*, N° 4148, 43 p.

général présente trois caractéristiques principales : elle est transversale ; elle s'améliore au cours du temps ; elle est source d'innovations complémentaires. Reprenons tour à tour chacune de ces caractéristiques.

Pour ce qui est de la transversalité, il est clair que l'intelligence artificielle peut s'appliquer potentiellement à tous les secteurs, que ce soit pour prédire les comportements d'achat, diagnostiquer de nouvelles maladies ou rendre autonome la conduite de véhicules. Ensuite, l'intelligence artificielle s'améliore continument au cours du temps, grâce au deep learning : le rapport IA Index 2021 de l'Université de Stanford montre par exemple qu'en matière de reconnaissance d'image, l'IA dépasse depuis 2017 les performances des êtres humains. Dernière caractéristique : l'intelligence artificielle va susciter de nombreuses innovations complémentaires. On pense bien entendu à des innovations physiques, à l'image des infrastructures routières qui accueilleront demain la voiture autonome.

Mais on peut aussi penser à toutes les innovations organisationnelles et de « business model » qui vont avoir lieu dans les entreprises grâce à l'IA : il va falloir en effet redéfinir les tâches et les postes, former la main-d'œuvre ou bien encore repenser la manière d'entrer en contact avec le client ou de commercialiser un produit. Et c'est sans doute là que réside le principal obstacle à surmonter : ces innovations complémentaires risquent de se heurter à des comportements d'attentisme ou de résistances sociales au changement. Plus les délais de mise en place de ces innovations complémentaires seront longs, moins l'intelligence artificielle sera en mesure de délivrer toute sa puissance en termes de croissance économique et de gains de productivité. Le risque est alors, pour reprendre une célèbre formule de Robert Solow, que l'IA soit partout… sauf dans les statistiques du PIB.

Chronique publiée dans L'Opinion le 1er juillet 2021, à la suite de l'annonce d'un fort rebond de la productivité du travail aux États-Unis.

Viva la tech !

Alors que le salon Vivatech s'achève, on peut se demander si l'engouement suscité par un tel évènement n'est pas exagéré. De prime abord, lorsque l'on parle de start-up du numérique, on parle au mieux de quelques milliers d'entreprises, alors que notre pays en compte 2,7 millions ; de même, selon le cabinet Roland Berger, les 120 plus grosses start-up du numérique représentaient en 2020 160 000 emplois directs et indirects, soit... moins de 1 % de l'emploi salarié.

Mais en réalité, si nous portons autant d'attention à ces pépites en devenir, c'est pour une bonne raison : elles constituent un ingrédient essentiel de notre croissance économique future. En effet, ce qui tire aujourd'hui la croissance d'un pays développé comme la France, ce sont les gains de productivité. Ces derniers proviennent moins des grandes entreprises installées que de l'entrée de nouvelles entreprises plus efficaces : ainsi, selon une étude de la DG Trésor, l'effet schumpétérien de destruction créatrice[31], par lequel de nouveaux opérateurs viennent remplacer des entreprises installées, expliquerait les deux tiers des gains de productivité en France au cours de la période 2011-2017.

Un tel phénomène a une double explication. Tout d'abord, les nouvelles entreprises ont une incitation plus forte à lancer des innovations de rupture : contrairement aux opérateurs installés, elles ne craignent pas de cannibaliser leurs ventes existantes... puisqu'elles n'ont en pas encore ! De plus, les start-up partent d'une page blanche : elles n'ont pas à gérer les contraintes d'une longue histoire, ce qui les rend plus agiles et audacieuses.

31 DG Trésor (2020) « Contribution de la destruction créatrice aux gains de productivité en France », *Trésor Eco* N° 273, 4 p.

Dans le cas du numérique, les start-up lancent souvent des innovations dont les usages sont potentiellement multiples et peuvent irriguer l'ensemble de l'économie : leur impact sur la croissance peut donc être large. Prenons l'exemple d'une entreprise comme Mirakl : spécialisée dans les solutions logicielles de commerce en ligne, elle s'adresse potentiellement à toutes les entreprises qui veulent développer leurs ventes sur Internet. Dans d'autres cas, les start-up du numérique se focalisent sur un secteur d'activité existant mais viennent en révolutionner le fonctionnement : ainsi, dans le domaine de la santé, une entreprise comme Doctolib a permis, grâce à son application, de développer la téléconsultation médicale et de rendre plus fluide la prise de rendez-vous entre médecins et patients.

On comprend dans ces conditions pourquoi la question de la croissance rapide et forte de ces entreprises est devenue si stratégique pour les pouvoirs publics : le nombre de licornes – ces start-up non-côtés qui ont dépassé le milliard d'euros de valorisation – est le signe de la capacité d'un pays à renouveler son tissu économique et donc à générer des gains de productivité. Le succès de la tech numérique n'est pas un sujet pour geeks : c'est d'abord un enjeu pour notre croissance.

À cet égard, si la France reste encore loin derrière un pays comme le Royaume-Uni, elle a fortement progressé ces dernières années : notre pays comptait seulement cinq licornes en 2017 ; elle en compte aujourd'hui trois fois plus. L'ambition est d'atteindre le chiffre de 25 licornes d'ici quatre ans et, pourquoi pas, d'accueillir au sein du CAC40 un nouveau géant d'ici 2030.

Chronique publiée dans L'Opinion le 21 juin 2021, à l'occasion du salon Vivatech.

Start-ups : faire croître les géants de demain

L'accès des start-ups aux sources de financement n'a rien d'un long fleuve tranquille. Tout d'abord, ces jeunes pousses ne disposent pas d'un véritable historique qui permette aux investisseurs d'établir des prévisions fiables sur leurs chances de succès. Ensuite, leurs actifs sont bien souvent des actifs intangibles : il s'agit par exemple d'un nouveau modèle d'affaires, de capital humain ou d'une activité de recherche-développement. Ces actifs sont donc difficiles à évaluer et à revendre en cas d'échec, contrairement à un actif physique comme une machine ou un stock de matières premières. Dit de manière imagée, le capitalisme des start-ups c'est un « capitalisme sans capital » physique.

Il n'est donc pas surprenant que les start-ups aient un accès difficile aux sources de financement externe. Du côté du financement par endettement bancaire, elles ont peu de choses à attendre : les banques sont réticentes à les financer, pour se prémunir de deux risques bien connus en microéconomie. Tout d'abord, le risque de « sélection adverse » : comme elles exigeront des taux d'intérêt élevés, les banques craignent d'attirer les projets… les plus risqués. Ensuite, le risque de « hasard moral » : si elle obtenait un financement, la start-up serait tentée d'investir dans des projets plus risqués, puisqu'en cas de faillite c'est la banque qui supportera l'essentiel des pertes.

Autant dire que les start-ups vont devoir se tourner vers le financement non bancaire, au travers du capital-risque, qui investit en fonds propres. Une étude de la DG Trésor[32] vient apporter un éclairage empirique intéressant sur ce sujet. Si l'on compare la France aux autres pays européens, notre pays apparaît plutôt bien positionné, grâce à l'action de la BPI : en termes de montants levés, nous figurons en seconde

32 DG Trésor (2021) « Capital-risque et développement des start-ups françaises », *Trésor Eco* N° 276, 8 p.

position devant l'Allemagne. Mais si l'on compare l'Europe au reste du monde, le tableau est plus inquiétant : en 2019, les start-ups européennes ont levé quatre fois moins de fonds que leurs homologues américaines et deux fois moins que les start-ups asiatiques. Autre sujet d'inquiétude : lorsqu'il s'agit de sortir de la « vallée de la mort », ce moment critique où les start-ups doivent lever de forts capitaux pour changer d'échelle et s'industrialiser, les pays européens sont en retrait. Par exemple, si les start-ups françaises ont un taux de survie à 3 ans très élevé, elles peinent à obtenir en Europe des levées de fonds suffisantes pour grandir vite. Dans ces conditions, elles se tournent vers des investisseurs extra-européens, se font racheter par de grands groupes ou se développent moins rapidement. La situation est assez similaire dans les autres pays d'Europe, à l'exception du Royaume-Uni. Le résultat est que l'Europe dispose certes d'un large vivier de start-ups innovantes mais compte seulement 33 licornes, soit 7 % du total des licornes dans le monde. Les États-Unis en ont 236 (soit 48 %) et la Chine 119 (soit 24 %). L'enjeu véritable pour l'Europe n'est donc pas celui de la naissance ou de la survie des start-up ; l'enjeu, c'est celui de leur croissance, pour qu'elles sortent rapidement de la vallée de la mort… et deviennent de nouveaux géants.

Chronique publiée dans L'Opinion le 16 février 2021, dans un contexte de débat en France sur la croissance des licornes.

Space X : aux origines d'une innovation disruptive

La performance de la fusée SpaceX qui a conduit Thomas Pesquet jusqu'à la station spatiale internationale, largement portée par le génie d'Elon Musk, est aussi le fruit d'un changement majeur de la politique spatiale américaine à partir des années 2000, comme le montre une étude de Matthew Weinzierl[33], professeur à la Harvard Business School.

De manière schématique, la conquête spatiale a longtemps été organisée aux États-Unis de manière centralisée, sous l'égide de la NASA, née en 1958 avec un objectif plus géostratégique qu'économique. Dans un tel système, l'agence se trouvait au centre du jeu, tandis que l'initiative privée était reléguée au second plan. La NASA passait essentiellement des contrats de sous-traitance avec des entreprises privées, en leur garantissant que leurs coûts seraient couverts (approche *« cost plus »).*

Cette approche a, certes, donné de solides résultats pendant quarante ans sur le plan technologique – comme en attestent les missions Apollo, la navette spatiale, le télescope Hubble ou la station ISS, mais elle a conduit assez logiquement à une dérive des coûts au sein des programmes et à une faible appétence pour l'innovation disruptive. C'est en 1984, alors même que la navette spatiale triomphe dans l'espace, que le président Reagan pose les jalons de ce qui va devenir la nouvelle politique spatiale des États-Unis, avec le *Space launch act.*

L'idée est de passer d'un modèle centralisé à un modèle qui fasse davantage confiance au marché et à l'initiative privée pour trouver un successeur à la navette spatiale. La NASA se voit alors repositionnée dans une fonction de client et de partenaire des entreprises, plutôt

33 M. Weinzierl (2018) "Space: the Final Economic Frontier", *Journal of Economic Perspectives*, pp. 173–192

que de donneur d'ordre et de surveillance. Elle continue à octroyer des financements publics mais l'essentiel du risque est désormais transféré au secteur privé, en contrepartie de la perspective de profits considérables en cas de succès.

Cette politique a conduit à la constitution d'une véritable industrie spatiale, la fameuse *« New space »* : de nombreuses entreprises se sont lancées dans l'aventure, à l'image de SpaceX qui naît en 2002 avec le projet de lancer des capsules réutilisables. La concurrence entre entreprises est au rendez-vous, tout comme la spécialisation sur des segments d'activité tels que l'imagerie terrestre, la conception de satellites, l'habitat des stations spatiales ou l'élimination des débris spatiaux. La NASA oriente le marché au travers des priorités qu'elle affiche dans ses contrats, qui sont désormais à prix fixes et non plus fonction des coûts.

C'est ainsi qu'en 2005 est adopté le programme *Commercial Orbital Transportation Services* (COTS) visant à trouver un moyen efficace et économe de transporter des équipages et du matériel vers une station spatiale en orbite basse. Ce programme sera à l'origine du lanceur Falcon et du vaisseau habité Dragon, deux innovations de SpaceX qui ont conduit à fortement baisser le coût d'envoi dans l'espace d'engins et de personnes, notamment en réutilisant la fusée et la capsule.

La morale de l'histoire est que le retour des États-Unis au premier plan de la conquête spatiale a trouvé aussi sa source dans une redéfinition des rôles entre les pouvoirs publics et l'initiative privée : en laissant se développer un véritable marché du spatial, orientée et soutenu par la NASA, les Américains ont permis l'éclosion d'innovations disruptives.

Chronique publiée dans L'Opinion le 27 avril 2021, à la suite du lancement de la fusée Space X en direction de la station spatiale.

Disruption pharmaceutique

La course au vaccin a révélé au grand jour la situation délicate de notre pays en matière d'innovation pharmaceutique. Rappelons qu'à ce jour, les vaccins approuvés par les autorités de santé dans le monde ont été développés par des entreprises américaine, russe, anglaise, allemande et chinoise.

Nulle trace à l'horizon d'un vaccin français, à l'exception de celui de la société franco-autrichienne Valneva, dont les essais cliniques ont été financés par le Royaume-Uni. Au-delà du vaccin Covid-19, les études empiriques montrent que la France a décroché dans la course à l'innovation pharmaceutique depuis quinze ans : si l'on prend comme mesure le nombre de brevets triadiques par million d'habitants, nous nous situons aujourd'hui loin derrière des pays comme la Suisse ou le Danemark.

Comment expliquer une telle situation, alors même que la France a longtemps été à la pointe de l'industrie pharmaceutique ? Deux études du Conseil d'analyse économique ont apporté des éléments de réponse, en montrant que la France n'a pas pris suffisamment le virage de la révolution des bio-médicaments. Rappelons que ces médicaments ne reposent plus sur de la chimie de synthèse mais sur les avancées de la recherche académique en matière de biotechnologie et de génomique.

Ainsi, notre pays n'a pas suffisamment investi dans la première étape de la recherche fondamentale, essentielle pour miser sur des innovations radicales. Cette recherche se déroule principalement au sein des universités et organismes publics. Comparativement à des pays comme l'Allemagne ou le Royaume-Uni, les crédits publics alloués en France à la R&D dans la santé sont inférieurs et ont même diminué de 28 % depuis 2011, et les salaires des chercheurs en début de carrière restent assez peu attractifs.

Même constat sur l'étape du passage de la recherche fondamentale à la recherche appliquée : elle suppose que le monde académique noue des liens étroits avec des start-up de la biotech. À nouveau, la France accuse un retard : dans le classement de la Banque mondiale sur la collaboration Université/entreprise en R&D, nous nous situons à la 32e place en 2016, loin derrière la Suisse ou les États-Unis.

Cette insuffisance se retrouve également dans la phase de développement du nouveau médicament, qui peut durer jusqu'à dix ans. Elle suppose d'avoir accès à des financements d'un montant élevé et sur une longue durée. Si notre pays est assez efficace durant la phase d'amorçage des entreprises de biotechs, notamment grâce à l'action de Bpifrance, les montants alloués aux start-up restent inférieurs à ceux observés en Allemagne ou au Royaume-Uni.

En définitive, ce que nous montrent ces statistiques comparatives, c'est que nous sommes restés trop timides en matière de biotechs, en misant trop peu et trop tard sur ces voies de recherche prometteuses mais radicalement différentes de l'existant. Comme dans de nombreux secteurs d'activité, nous n'avons pas su repérer la menace à temps et nous en emparer pour la transformer en opportunité et en création de valeur. Nous sommes restés sur notre trajectoire d'innovation incrémentale, en sous-estimant le potentiel de ces innovations de rupture. Cette menace porte un nom pourtant bien connu en économie : la disruption.

Chronique publiée dans L'Opinion le 8 février 2021, dans un contexte de débat sur l'absence de vaccin développé avec succès par une entreprise française.

États-Unis : mais où est passée la destruction créatrice ?

Au pays de l'innovation et des nouveaux géants, rien ne va plus : si l'on en croit plusieurs études empiriques, les États-Unis connaîtraient un déclin continu de leur dynamisme économique, tout particulièrement depuis les années 2000. Plusieurs indicateurs envoient des signaux convergents : le taux d'entrée de nouvelles entreprises décline ; les réallocations d'emplois entre entreprises anciennes et nouvelles sont moins fortes ; la concentration industrielle et les taux de marge augmentent ; la dispersion des taux de croissance des entreprises diminue, tandis que les écarts de productivité entre entreprises s'accentuent. Bref, le processus de « destruction créatrice », par lequel de nouvelles entreprises prennent continuellement la place de plus anciennes, semble battre de l'aile. Comment expliquer un tel phénomène ? Une étude d'Akcigit et Ates[34] montre que ce ralentissement du dynamisme économique proviendrait d'une moindre diffusion dans l'économie des innovations.

Les auteurs partent de la théorie de la « course technologique » : les entreprises, telles des coureurs, se font concurrence pour décrocher un trophée, à savoir un brevet sur une innovation. L'entreprise qui trouve la première – appelée le *« leader »* – prend une longueur d'avance sur ses rivales, qui font alors figure de « suiveurs ». Si le leader et les suiveurs sont au coude à coude dans la course, les suiveurs sont incités à redoubler d'efforts pour tenter de rattraper, voire dépasser le leader : le faible écart incite à se surpasser, ce qui créé une vraie dynamique entrepreneuriale dans le secteur.

34 U. Akcigit, S. (2019) "What Happened to U.S. Business Dynamism?" Working paper Becker Friedman Institute N° 56, 63 p.

Une entreprise A lance une innovation, qui est rapidement imitée, avant qu'une autre innovation ne soit mise sur le marché par un concurrent B et ainsi de suite. La roue de l'innovation n'en finit pas de tourner. À l'inverse, si l'écart entre le leader et les suiveurs devient trop important, les « suiveurs » estiment qu'ils n'ont plus aucune chance de rattraper le leader et rendent les armes. L'innovation lancée par l'entreprise A est alors remplacée, au mieux, par une innovation améliorée de la même entreprise. L'enjeu pour un leader est donc de parvenir à creuser suffisamment l'écart avec ses poursuivants, pour espérer ne plus être rattrapé.

Akcigit et Ates constatent justement qu'aux États-Unis la part des brevets déposés par les entreprises ayant déjà le plus large stock de brevets est passée de 35 % au début des années 1980 à près de 50 % aujourd'hui : ce sont les entreprises déjà leaders dans leur secteur qui déposent le plus de brevets. À l'inverse, la part des brevets déposés par de nouveaux entrants connaît un fort déclin. Plus encore, les entreprises disposant déjà d'un large stock de brevets sont celles qui achètent le plus de brevets sur le marché : elles tentent de créer un « buisson de brevets » (patent tickets), pour contrôler un champ large de technologies autour de leur innovation principale. Leur but est de rendre plus difficile l'entrée d'un concurrent qui devra « sauter » autant d'obstacles qu'il y a de brevets.

La concurrence ne se joue plus seulement en aval, sur le marché des produits et services : elle se façonne également en amont, sur le marché de l'innovation. Avec le risque de constitution de monopoles, qui ne soient plus en concurrence qu'avec… eux-mêmes.

Chronique publiée dans L'Opinion le 25 avril 2019, dans un contexte de débat aux États-Unis sur le déclin du dynamisme entrepreneurial.

Chapitre 9

Transport aérien : fortes turbulences dans le ciel

Le transport aérien a connu depuis la fin des années 1990 une véritable révolution en Europe, avec l'arrivée d'un nouveau modèle économique, le *« low cost »,* qui est venu redéfinir les besoins des clients dans un sens minimaliste.

Face à cette révolution, des pays comme la France ont fait le choix d'une posture défensive, fondée sur la doctrine du « champion national » : pour disposer d'un géant français, il faudrait éviter à tout prix l'émergence d'autres grands concurrents domestiques. Cette posture a conduit à brider l'essor d'une compagnie low cost à la française et a contribué au déclin de notre pavillon national (« *Le résistible déclin du pavillon français* »). Pourtant, l'opérateur historique Air France dispose d'un atout par rapport à ses concurrents : il possède une majorité des slots sur l'aéroport d'Orly, ces précieux sésames qui donnent à une compagnie le droit de décoller ou d'atterrir sur un aéroport (« *Le Graal des slots* »). Mais pour que cet atout se transforme en stratégie gagnante, encore faudrait que la compagnie

Air France prenne pleinement la mesure de la menace du low cost. Elle a été en quelque sorte victime d'un « déni de réalité », sous-estimant l'ampleur des menaces concurrentielles, en se positionnant davantage en réaction que dans l'offensive. Pour se relancer demain et éviter les pertes récurrentes sur son réseau moyen-courrier, Air France doit miser sans hésiter sur le low cost (« *Air France* : last call »).

La crise du Covid-19 pourrait paradoxalement permettre à Air France d'accélérer cette mutation. En effet, les grands opérateurs historiques qui ont bénéficié d'aides d'État massives ont les moyens de faire monter en puissance leur filiale low cost. Cette évolution se fera au détriment des opérateurs « middle cost » comme easyJet (« Low cost *qui rie,* low cost *qui pleure* »). Au sein de ce nouveau paysage, nul doute que l'ultra low cost, qui affiche des coûts et des prix très bas, sortira comme le grand gagnant. En effet, en dépit des turbulences que connait Ryanair depuis plusieurs années, la performance de son modèle – par ailleurs fort discutable sur le plan social – n'a jamais été remise en cause : Ryanair affiche une profitabilité qui la rapproche plus d'une entreprise du luxe que d'une compagnie aérienne classique (« *Ryanair : touché mais pas coulé* »).

Le résistible déclin du pavillon français

A l'heure où XL Airways et Aigle Azur viennent de disparaître, il est tentant de rappeler ce que tous les experts disent depuis longtemps sur la faible compétitivité du pavillon français. Le dernier rapport de l'IATA résume parfaitement les maux dont souffrent les compagnies tricolores : *« la France impose les redevances et les taxes d'aéroport et de passager parmi les plus élevées au monde » ; « la France a de faibles résultats en matière d'efficience de la main-d'œuvre » ; « la lourdeur réglementaire demeure un problème en France ».* N'en rajoutez plus !

Au-delà de ces causes économiques réelles, le déclin du pavillon français est aussi à rechercher dans la perception du transport aérien portée par les pouvoirs publics depuis cinquante ans.

D'abord, la France a fait le choix de privilégier le développement du rail par rapport à l'avion. Ce choix est peut-être fondé économiquement mais on aurait aimé qu'il soit démontré, au terme d'une analyse comparative et chiffrée des coûts et bénéfices de chacun de ces deux modes de transport : est-on certain que le train soit toujours plus efficace que l'avion, par exemple pour désenclaver des territoires excentrés ? Faute d'un intérêt véritable pour le sujet, les pouvoirs publics n'ont jamais défini de stratégie à long terme pour le pavillon français. Leur action a été essentiellement curative, consistant à aider les entreprises en difficulté quand il était déjà trop tard.

Ensuite, la politique de transport aérien s'est résumée à la doctrine bien française du « champion national » : pour disposer d'un géant français – à savoir Air France – il faut éviter l'émergence d'autres grands concurrents domestiques. Il est frappant de constater qu'en dehors du groupe Air France, le pavillon français se compose pour l'essentiel de petites compagnies sous-capitalisées : elles sont cantonnées à explorer des niches, parfois avec succès comme l'illustre le cas d'Air Caraïbes. L'absence de taille critique les rend fragile, notamment face aux géants européens du *low cost.*

La situation française contraste avec celle que l'on observe au Royaume-Uni, où prospèrent deux géants, British Airways et easyJet. British Airways est pour l'essentiel une compagnie premium et long courrier, qui ne fait du moyen-courrier que pour alimenter son hub d'Heathrow ; easyJet est spécialisée sur des vols moyens courriers en point à point, en mode low cost. La concurrence entre les deux opérateurs a été source d'émulation et de différentiation.

Enfin, les pouvoirs publics n'ont pas pris au sérieux la déferlante du low cost dans les années 1990. Ils ont pourtant été alertés : dans un rapport au ministre de l'Économie paru en 2007[35], Charles Beigbeder et moi-même annonçions, chiffres à l'appui, l'inéluctable victoire de ce redoutable modèle sur le moyen-courrier. La réponse des pouvoirs publics a été pour l'essentiel défensive, avec la création en 2007 de Transavia, filiale d'Air France. Son développement a longtemps été bridé et il aura fallu attendre… 2019 pour qu'elle puisse prendre son envol, à la faveur d'un accord avec les syndicats de pilotes. Il reste à espérer que Transavia, filiale *low cost* d'un groupe qui ne l'est pas, parviendra demain à faire mentir le fameux adage : « On naît *low cost*, on ne le devient pas ».

Chronique publiée dans L'Opinion le 30 septembre 2019, à la suite de la faillite de deux compagnies aériennes françaises, XL Airways et Aigle Azur.

35 C. Beigbeder (2007) *Le « low cost » : un levier pour le pouvoir d'achat*, Rapport pour le Secrétariat d'Etat à la Consommation et au Tourisme, 189 p.

Le Graal des slots

Alors que la compagnie Aigle Azur se retrouve acculée à la faillite, une bataille stratégique se trame en arrière-plan : celle de l'accès au sésame des créneaux aéroportuaires *(« slots »)*. Si Aigle Azur fait faillite, pas moins de 10 000 slots seront disponibles à Orly. Du jamais vu depuis la faillite d'Air Lib en 2003.

Un slot représente un droit d'usage, autorisant une compagnie aérienne à décoller ou atterrir sur un aéroport à un certain horaire. Dans la plupart des aéroports, l'attribution de ce droit ne pose aucun problème, compte tenu du faible nombre de vols opérés chaque jour. Pas sur de grandes plateformes congestionnées comme Francfort, Londres Heathrow, Roissy CDG ou Orly : l'offre de slots est inférieure à la demande, en particulier sur les horaires de pointe. À Orly, le nombre de slots est plafonné pour des raisons de nuisance sonore, à 250 000 depuis un arrêté de 1994 et rares sont les slots qui se libèrent.

Face à cette pénurie a été mis en place un système de planification, confié à un régulateur, le COHOR : sa mission est d'attribuer d'une saison à l'autre les créneaux de manière transparente et en prenant appui sur trois règles. Première règle : celle du « droit du grand-père ». Une compagnie qui a exploité un créneau horaire peut prétendre à le garder pour la période suivante. Cette règle confère un avantage aux opérateurs installés.Seconde règle, celle des 80/20 : tout créneau attribué doit être utilisé au moins à 80 % par celui qui le détient, sous peine de retomber dans le pot commun. Troisième règle, celle des 50/50 : si des créneaux se libèrent, le coordinateur en attribue la moitié à de nouveaux entrants, définis comme des compagnies disposant de moins de 5 % des créneaux. La stratégie d'un opérateur installé est donc de ne pas perdre un seul slot, afin de limiter le développement de ses concurrents.

Pour les nouveaux entrants, le seul moyen d'entrer sur un aéroport congestionné est de racheter un concurrent : easyJet est entré sur Gatwick en prenant le contrôle en 2007 de GB Airways.

Ce système de gestion de la pénurie a suscité des propositions de réforme au niveau européen : renforcement de la règle d'usage des slots selon une règle 90/10 ; augmentation du nombre de mouvements par des gains de productivité sur les pistes ; remise régulière d'un pourcentage de slots dans le pool commun, vente aux enchères des slots, etc… Ces propositions n'ont toutefois jamais abouti, compte tenu des risques de déstabilisation des opérateurs historiques confrontés à la déferlante des compagnies *low cost.*

Dans le cas d'Orly, la menace *low cost* est d'autant plus redoutable que cet aéroport dispose d'une situation géographique privilégiée, aux portes de Paris, seconde destination touristique en Europe après Londres. Son positionnement sur les vols court et moyen courrier en fait un aéroport idéal pour les *low cost,* qui font du point à point : ils n'ont pas à supporter les contraintes spécifiques de grandes plate-formes comme Roissy qui accueille des vols long-courriers et en correspondance ; les rotations peuvent donc y être plus rapides, ce qui constitue le nerf de la guerre pour être rentable.

C'est donc à Orly que se jouera demain la vraie bataille du *low cost* sur Paris, avec notamment la montée en puissance de Transavia, filiale à bas prix d'Air France-KLM. Une bataille qui mettra aux prises la compagnie historique avec des concurrents comme easyJet, Vueling, French Bee ou Norwegian et pourquoi pas… Ryanair, qui opère pour le moment sur Beauvais.

Chronique publiée dans L'Opinion le 8 septembre 2019, à la suite de la faillite de la compagnie aérienne Aigle Azur.

Air France : *last call* !

La grave crise de confiance et de gouvernance que traverse Air France n'a rien d'un accident de parcours : elle s'inscrit dans une trajectoire d'attrition entamée il y plus de vingt ans.

Par son nom même, la compagnie Air France porte en elle une symbolique forte, celle d'être le porte-drapeau de notre pays. Air France l'a longtemps incarnée à merveille, lorsque le transport aérien était réservé à quelques privilégiés. C'était le temps des Trente Glorieuses, du Concorde et du monopole public ; c'était aussi le temps du prestige pour les hôtesses et pilotes. L'État veillait jalousement sur cette pépite nationale, en écartant toute velléité de concurrence sur notre marché domestique.

Mais depuis les années 1990, le transport aérien a radicalement changé de visage : sous l'influence des évolutions technologiques, de l'ouverture du ciel et de nouveaux modèles comme le low cost, il s'est considérablement démocratisé. D'expérience de voyage unique, il est devenu un simple moyen de transport rapide entre deux points. Le prestige a cédé la place à la praticité et à l'efficacité opérationnelle.

Face à ce changement radical de paradigme, Air France n'a pas su entendre les nouvelles attentes des consommateurs. Elle a été en quelque sorte victime d'un « déni de réalité », sous-estimant l'ampleur des menaces concurrentielles, se positionnant davantage en réaction que dans la prise d'initiative. Plutôt que de réinventer son modèle de fond en comble, elle a procédé par petites touches, de manière incrémentale. L'exemple de l'arrivée des low cost est à cet égard révélateur : au lieu de se lancer massivement dans le middle cost, comme l'a fait IAG avec Vueling, Air France a réagi avec timidité en créant Transavia en 2008, belle initiative mais qui ne dispose toujours pas de la taille critique. La même histoire semble aujourd'hui se répéter sur le low cost long courrier, avec l'initiative Joon.

Pour se relancer demain, Air France doit revoir de fond en comble son positionnement stratégique, en menant un travail collectif de « benchmark » de ses principaux concurrents : dans un univers aussi concurrentiel que l'aérien, toute performance se doit d'être comparative. Ainsi, en matière de coût, Air France affiche des niveaux de coût au siège kilomètre (CSKO) supérieurs à ceux de concurrents historiques comme IAG, qui récolte les fruits de sa stratégie low cost sur le segment du moyen-courrier.

De même, en matière de service, face aux compagnies du Golfe et asiatique, Air France doit poursuivre sur le long courrier le difficile travail de montée en gamme, pour tous les clients, y compris en classe économique. Sur le moyen-courrier, Air France doit mieux répondre aux attentes de praticité des clients, en allant par exemple sur le terrain de la mobilité et de l'intermodalité.

Mais ces réformes stratégiques ne pourront être menées à bien si Air France ne se dote pas d'abord d'une nouvelle gouvernance audacieuse et d'un nouveau patron courageux et visionnaire, qui connaisse parfaitement le transport aérien et bénéficie de la confiance des personnels pour les engager collectivement sur la voie de la nécessaire réforme, au travers d'un nouveau pacte social. C'est à cette condition qu'Air France se réformera et redeviendra demain ce qu'elle n'aurait jamais dû cesser d'être : une compagnie d'excellence, porte-drapeau de notre pays.

Chronique publiée dans L'Opinion le 26 Juin 2018, dans un contexte de crise de gouvernance à Air France.

Low cost qui rient, *low cost* qui pleurent

La crise du Covid-19 pourrait bien jouer le rôle d'un accélérateur dans la recomposition que connait le transport aérien en Europe. Pour le dire de manière schématique, nous avons assisté depuis 25 ans à l'irrésistible montée en puissance du modèle dit *« low cost »,* au détriment des grands opérateurs historiques.

La crise du Covid-19 pourrait bien conduire à une seconde recomposition du ciel européen, plus subtile. En effet, l'opposition souvent faite entre acteurs historiques et compagnies *low cost* est devenue trop simple et binaire. En réalité, il convient de distinguer quatre types d'opérateurs.

Tout d'abord l'ultra *low cost,* représenté par Ryanair ou Wizzair : ces compagnies disposent d'une base de coût très faible, de l'ordre de 3 centimes au kilomètre ; elles opèrent principalement au départ d'aéroports secondaires et ciblent d'abord les clientèles touristiques et affinitaires ; elles pratiquent des prix des billets très bas : 37 euros en moyenne pour Ryanair en 2019 ; elles disposent d'une grande agilité organisationnelle et optimisent leurs coûts, notamment en jouant sur les différences de droit du travail entre pays européens.

Nous trouvons ensuite les compagnies *« middle cost »* comme easyJet, qui affichent une base de coût plus élevée, de l'ordre de 6 centimes au kilomètre ; elles décollent plutôt de grands aéroports et ciblent la clientèle affaires ; le prix moyen de leur billet était de 60 euros en 2019.

Nous trouvons en troisième lieu les acteurs historiques comme Air France et Lufthansa, qui opèrent avec une base de coût élevée (supérieure à 10 centimes au kilomètre) et adressent plutôt la clientèle affaires au départ de grands aéroports.

Nous trouvons enfin les filiales *low cost* de ces mêmes grands opérateurs historiques, à l'image de Transavia pour Air France ou d'Eurowings pour Lufthansa. Ces filiales ont un positionnement assez similaire à celui des *middle cost* en termes de coût au kilomètre. Mais, elles disposent d'un atout majeur : les précieux créneaux de décollage dans les grands aéroports congestionnés, à l'image d'Orly.

Il est probable que la crise du Covid-19 va modifier la part respective de ces différents acteurs dans le ciel européen.

Le modèle ultra *low cost* en sortira renforcé : il se trouve dans une situation financière suffisamment solide pour passer à l'attaque, en ouvrant des lignes ; il va profiter du retour de la clientèle touristique ; il va maintenir ses coûts à un niveau très bas, dans un contexte de baisse des salaires des personnels navigants et des redevances aéroportuaires.

De leur côté, les grands opérateurs historiques qui ont bénéficié d'aides d'État massives vont faire monter en puissance leur filiale low cost, en ciblant la clientèle touristique et affinitaire. La marque historique va être cantonnée quant à elle à l'alimentation des vols long courrier sur les hubs. Ce scénario de substitution de modèles et de marques à l'intérieur même de l'opérateur historique est visible aujourd'hui chez Air France, avec la forte montée en puissance de Transavia, qui commence à opérer des lignes domestiques.

Qui pourrait bien faire les frais de cette recomposition du ciel européen ? Les *pure players middle cost*. Elles n'ont pas la base de coût et l'efficacité opérationnelle suffisante pour venir concurrencer les *ultra low cost* ; elles vont en revanche devoir faire face à la concurrence accrue des filiales des grands opérateurs historiques.

Chronique publiée dans L'Opinion le 4 août 2021, dans un contexte de reprise du transport aérien après la crise du Covid-19.

Ryanair : un géant touché mais pas coulé

Rien ne va plus chez Ryanair : après les pilotes, c'est au tour des personnels de cabine de mener la fronde contre leur employeur, dont ils dénoncent les conditions de travail et de rémunération. Touché depuis plusieurs mois par des mouvements de grèves à répétition, le géant du *low cost* a dû déjà faire plusieurs concessions, en acceptant notamment des hausses de salaire pour les pilotes et en reconnaissant certains syndicats. Plus encore, sur l'épineuse question du régime d'affiliation des salariés, la Cour de justice de l'Union européenne a confirmé en septembre 2017 la possibilité pour les personnels navigants de Ryanair de contester devant les tribunaux nationaux la légalité de leur contrat de travail, sous droit irlandais. Le tout dans un contexte de marché, marqué par la remontée du pétrole et la pénurie de pilotes. Autant dire que Ryanair traverse de sévères turbulences.

Pour autant, il serait erroné de conclure que le modèle Ryanair est remis en cause dans ses fondements. Rappelons tout d'abord qu'avec une marge nette de 20 %, Ryanair affiche une profitabilité qui la rapproche plus d'une entreprise du luxe comme LVMH (13,5 %) que d'une compagnie aérienne classique. En dépit de la chute de son cours boursier, Ryanair vaut encore aujourd'hui 14 milliards d'euros, soit 3,5 fois la capitalisation d'Air France KLM.

Ensuite, l'ampleur du choc salarial que Ryanair pourrait devoir affronter doit être relativisée, dans la mesure où les rémunérations représentent une part limitée de ses coûts : 13 %, loin derrière le fuel (35/37 %) et les charges aéroportuaires/handling (17 %). Envisageons le scénario dans lequel tous les personnels de Ryanair arracheraient une hausse de salaire de 20 %, soit celle obtenue par les pilotes britanniques en début d'année. Un calcul simple montre que ce choc ferait baisser les profits de Ryanair de 2 points, soit 10 %. Pas de quoi remettre en cause sa surperformance, qui restera loin devant celle des autres compagnies.

Mais surtout, les difficultés que rencontre aujourd'hui Ryanair sur le front social pourraient bien se retourner demain en sa faveur. En effet, une jurisprudence de la Cour de Justice est venue rappeler qu'un pays ne pouvait par principe refuser les certificats de détachement des personnels navigants, sans procéder à une analyse concrète et multicritère de leur situation. En clair, on ne peut par principe condamner Ryanair pour « dumping social », au seul motif que des personnels navigants basés en Espagne disposent d'un contrat de travail de droit irlandais.

En France, cette jurisprudence européenne a logiquement conduit la Cour de cassation en septembre 2018 à annuler la condamnation de Ryanair pour « travail dissimulé » sur l'aéroport de Marseille. L'effet boomerang ne s'est pas fait attendre : Ryanair, qui avait fermé sa base en 2011, vient d'annoncer son retour à Marseille et la création d'une nouvelle base sur Bordeaux, affirmant même vouloir discuter avec les « comités de travailleurs / syndicats ». Finalement, la plus grande force de Ryanair aura toujours été son opportunisme et son agilité, consistant à s'adapter rapidement aux contraintes pour les transformer même en opportunités de croissance. Ce n'est pas très moral mais c'est très efficace.

Chronique publiée dans L'Opinion le 3 octobre 2018, à la suite de l'annonce par Ryanair d'une forte augmentation des salaires des pilotes.

Chapitre 10

Mais où est passée l'inflation ?

Depuis le début des années 2000, l'inflation a quasiment disparu dans les pays développés. Ce phénomène est particulièrement atypique, dans la mesure où les périodes de faible taux de chômage – observées par exemple aux États-Unis avant la crise du Covid-19 – devraient s'accompagner d'une accélération de l'inflation. La célèbre « courbe de Phillips » qui établit une relation inverse entre chômage et inflation semble avoir disparu (« *La courbe de Phillips a disparu !* »).

Une des causes possibles de cette énigme est à rechercher dans le mouvement de concentration industrielle qui a touché les États-Unis : cette concentration a pu paradoxalement tirer les prix vers le bas, notamment lorsqu'elle résulte de l'efficacité de certaines entreprises (« *L'énigme de l'inflation faible* »).

Quelles qu'en soient les causes, une faible inflation n'est pas en soi une mauvaise nouvelle, en particulier pour le pouvoir d'achat des ménages. N'oublions pas en effet que le pouvoir d'achat désigne non pas ce que l'on gagne mais ce que l'on peut acheter avec ce que l'on gagne : il dépend donc de manière cruciale de l'évolution des prix. Même si nous n'en avons pas toujours conscience, notre pouvoir d'achat a augmenté depuis 20 ans, grâce au maintien d'une faible inflation (« *Pouvoir d'achat : ne pas oublier l'inflation* »).

Pour autant, on ne peut exclure que l'inflation ne revienne demain dans les pays développés. En particulier, depuis la sortie de la crise Covid-19, l'inflation pointe son nez aux États-Unis avec un taux jamais vu depuis 2008. Si le consensus des économistes s'accorde à penser que cela résulte d'abord d'un effet de rattrapage, plusieurs facteurs qui ont expliqué la faible inflation pourraient bien demain se retourner (« *Retour de l'inflation : ne jamais dire jamais* »).

Au demeurant, certains pays émergents connaissent non seulement une inflation mais une hyperinflation, dont ils ne parviennent pas à s'extirper. Le Venezuela bât à cet égard tous les records, avec un taux de 1 000 000 % en 2018 ! Cette situation extrême ne vient pas de nulle part : elle résulte notamment de décisions politiques absurdes consistant à recourir massivement à la planche à billets. Mais multiplier les billets, sans que la production réelle ne suive n'a jamais rendu un pays plus riche (« *Vénézuela : 1 000 000 % d'inflation* »).

Inflation : la courbe de Phillips a disparu !

Alors que le taux de chômage a atteint aux États-Unis son plus bas niveau depuis 18 ans (3,9 % en juillet 2018) et que l'inflation marque une nette accélération (2,9 %), on ne peut s'empêcher de penser à une courbe qui figure en bonne place dans tous les manuels d'économie depuis un demi-siècle : la « courbe de Phillips ». Cette célèbre courbe énonce qu'il existe une relation inverse entre chômage et inflation : quand le chômage baisse, l'inflation s'accélère et vice-versa. Cette relation passe pour l'essentiel par le bais des négociations salariales : quand le chômage diminue, les travailleurs sont en mesure d'obtenir des hausses de salaire, que les entreprises vont rapidement répercuter dans le prix de leurs produits.

Cette relation empirique a bien fonctionné durant les années 1950-1960 et a même été au fondement des politiques dites de « stop and go » dans les pays de l'OCDE. En résumé, quand la conjoncture allait mal, on relançait l'activité à coups de déficit budgétaire et de baisse des taux d'intérêt : le chômage diminuait, au prix d'un retour de l'inflation. À l'inverse, quand l'économie était en surchauffe, on resserrait la vis des dépenses publiques et on relevait les taux : le chômage augmentait mais l'inflation retombait. On pensait même avoir trouvé le Graal, au travers d'un indicateur magique : le « NAIRU » *(Non-Accelerating Inflation Rate of Unemployment),* qui désigne le taux de chômage assurant la stabilité des prix. Il était estimé aux États-Unis aux alentours de 5 % durant les années 1950-1960.

Mais cette belle mécanique a été remise en cause à partir des années 1970. Sans même parler des critiques théoriques, on a vu apparaître, lors des deux chocs pétroliers, une situation inédite, appelée « stagflation » : hausse simultanée du chômage et de l'inflation, ce qui n'est pas conforme à la courbe de Phillips ! Plus récemment, le chômage a fortement diminué aux États-Unis, passant de 10 % en 2009 à 4 % en 2017, sans que l'inflation ne s'accélère. À nouveau, la courbe de Phillips a été prise en défaut, au point qu'une étude de la Réserve fédérale de Philadelphie a conclu à sa faible utilité pour prévoir l'inflation.

Faut-il pour autant jeter aux oubliettes la célèbre courbe ? Pas si sûr. Il est possible qu'elle se soit juste « aplatie » : il existerait toujours une relation inverse entre inflation et chômage mais il faudrait aujourd'hui un taux de chômage très faible pour que l'inflation reparte. Dit autrement, la cote d'alerte marquant le retour de l'inflation serait atteinte lorsque le taux de chômage passe en dessous de 4 % et non plus, comme par le passé, de 5 %. L'aplatissement de la courbe de Phillips s'expliquerait notamment par l'ouverture au commerce avec les pays émergents : quand l'économie américaine tourne à plein régime et que le chômage est très bas, il est difficile pour les entreprises américaines d'augmenter leurs prix, compte tenu de la pression exercée par les importations à bas prix en provenance de pays comme la Chine. En faisant le choix d'un retour au protectionnisme dans un contexte de faible chômage, les États-Unis risquent donc de favoriser demain le retour de l'inflation, redonnant ainsi une seconde jeunesse à… la courbe de Phillips.

Chronique publiée dans L'Opinion le 8 août 2018, dans un contexte de faible taux de chômage aux États-Unis.

L'énigme de l'inflation faible

Le nouveau banquier central américain, Jerome Powell a fait sa rentrée à Jackson Hole, où se tient chaque année la plus grande conférence sur la politique monétaire. Un évènement qui a été l'occasion pour le patron de la Fed de rappeler quelques fondamentaux à l'adresse de Donald Trump : une banque centrale crédible est d'abord une banque centrale indépendante, qui sait résister aux pressions du politique. Jerome Powell a clairement rappelé que son action serait guidée par la seule recherche d'un équilibre entre plein-emploi et… faible inflation.

Sur l'inflation justement, les participants à Jackson Hole ont planché sur une « énigme » : comment se fait-il qu'un pays comme les États-Unis qui a atteint le plein-emploi, avec un taux de chômage à 3,9 %, ne montre pas plus de signes d'inflation (2 %) ? Les économistes présents ont tous invité la Fed à regarder du côté de… la concurrence. On assiste en effet aux États-Unis depuis les années 2000 à un mouvement de concentration industrielle qui touche tous les secteurs, des plus traditionnels comme l'aérien aux plus récents comme le commerce en ligne. Ce mouvement de concentration aurait de multiples causes : vagues de fusions-acquisitions entre concurrents, « laxisme » des autorités antitrust, développement du numérique, qui donne un fort avantage à la taille par le biais des effets de réseau. Bref, l'économie américaine de 2018 ressemblerait un peu à celle de la fin du XIXe siècle : une économie de monopoles et d'oligopoles. Cette forte concentration industrielle devrait normalement conduire à une dérive inflationniste : lorsqu'une entreprise domine son marché, elle a tendance à en profiter, en augmentant ses prix. Plus de concentration industrielle devrait rimer avec plus d'inflation. Or, ce n'est pas ce que l'on observe pour le moment.

Une première explication est à rechercher dans le fait que ces grandes entreprises sont souvent le premier et principal employeur au niveau local. En économie, quand on est le principal demandeur sur un marché, situation qualifiée de « monopsone », on a le pouvoir de faire baisser les prix : les entreprises qui demandent de la main-d'œuvre locale fixent le prix du travail (peu qualifié) – à savoir le salaire des ouvriers et employés – à un faible niveau. La modération salariale qui en résulte évite un dérapage de l'inflation.

Une seconde explication vient du fait que la concentration industrielle exprime la plus grande efficacité de certaines entreprises, qualifiées de « superstars ». En effet, quand une entreprise est plus productive ou plus innovante, elle va mécaniquement gagner des parts de marché sur ses concurrents, en proposant des produits à prix moindre ou de meilleure qualité. La concentration industrielle résulterait de la concurrence elle-même et ne se traduirait pas, au moins à court terme, par des prix plus élevés mais par des gains de productivité.

En dernier lieu, on assiste dans le commerce de détail à un « effet Amazon », comme le montre l'économiste Alberto Cavallo dans une contribution présentée à Jackson Hole[36] : l'ensemble des opérateurs – y compris les grandes chaînes de magasin physique – aligne ses prix sur celui du géant du e-commerce, de peur de voir les clients partir sur Internet. Cet effet Amazon tire les prix vers le bas. Bref, la concentration industrielle aurait été jusqu'ici l'alliée de la Fed dans sa lutte contre l'inflation. Mais pour combien de temps encore ?

Chronique publiée dans L'Opinion le 29 août 2018, à la suite de la conférence de Jackson Hole, qui rassemble chaque année les principaux banquiers centraux.

36 A. Cavallo (2019) « More Amazon effects : online competition and pricing behavior", *Jackson Hole economic symposium conference proceedings*

Pouvoir d'achat : ne pas oublier l'inflation !

Alors que la question du pouvoir d'achat revient dans le débat public, il n'est pas inutile de prendre un peu de recul et de rappeler quelques principes économiques simples. Le pouvoir d'achat désigne non pas ce que l'on gagne – sa « fiche de paie » ou le montant de sa pension retraite – mais ce que l'on peut acheter avec ce que l'on gagne : il dépend donc de manière cruciale de l'évolution des prix. Par exemple, si votre revenu nominal augmente de 2 % à la suite de une baisse d'impôts mais que l'inflation accélère à 2 %, votre gain de pouvoir d'achat sera tout simplement… nul. On ne peut donc débattre de la question du pouvoir d'achat sans regarder aussi du côté de l'inflation.

Premier enseignement : en France, le « pouvoir d'achat du revenu disponible brut » (INSEE) progresse depuis 2013, dans la mesure où les revenus nominaux augmentent toujours plus vite que l'inflation : ce gain annuel de pouvoir d'achat oscillerait entre 0,9 % (en 2015) et 1,8 % (en 2016). Il a augmenté de 1,3 % en 2017. Pour 2018, le pouvoir d'achat continuera de croître, grâce notamment à la fin des cotisations salariales sur l'assurance chômage, mais à un rythme plus faible, compte tenu de l'accélération de l'inflation – hausse du prix du pétrole oblige.

Second enseignement : si le pouvoir d'achat augmente en France, nous avons tous tendance, en tant que consommateurs, à le sous-estimer, dans la mesure où… nous surestimons l'inflation. Une étude de l'INSEE (2011)[37] a montré que l'inflation perçue par les Français était systématiquement plus élevée que l'inflation réelle, avec un écart permanent de l'ordre de 6 points. Cette situation s'explique notamment

37 J. Accardo, C. Célérier, N. Herpin, D. Irac (2011) "L'inflation perçue", Économie et statistique, N° 447.

par ce que l'on appelle en psychologie un « biais de disponibilité » : nous surestimons tout ce qui est visible. Par exemple, lorsque nous faisons nos courses du quotidien ou notre plein d'essence, nous constatons que le prix des carburants ou des cigarettes monte, mais nous oublions que le prix des ordinateurs ou des téléviseurs, que nous achetons peu souvent mais qui sont très coûteux, a tendance à diminuer au cours du temps. Le « biais médiatique » vient renforcer cet effet : les médias parlent plus volontiers des hausses de prix, par exemple sur le tabac ou le gaz, que des baisses de prix résultant du fait que la France importe des produits à bas prix en provenance de pays émergents.

Troisième enseignement : pour doper le pouvoir d'achat, le gouvernement dispose d'autres leviers que les seules réformes fiscales. Il peut aussi agir sur certaines composantes internes de l'inflation, à défaut de maîtriser l'évolution du prix du pétrole. En particulier, des réformes structurelles visant à ouvrir certains marchés à de nouveaux acteurs ou à de nouveaux modèles économiques peuvent doper le pouvoir d'achat, en favorisant des baisses de prix substantielles, durables, visibles et qui profitent à tous. Rappelons que l'entrée de Free Mobile en 2012, décidée par les pouvoirs publics au travers de l'attribution d'une quatrième licence, a conduit pour les seules années 2012 et 2013 à un gain de pouvoir d'achat estimé par UFC Que-choisir[38] ? à 6,8 milliards d'euros, pour les 55 millions de Français disposant d'un forfait mobile post payé. 6,8 milliards, c'est plus que les 6 milliards de baisse d'impôts en faveur du pouvoir d'achat des ménages, annoncés par le gouvernement pour 2019.

Chronique publiée dans L'Opinion le 8 novembre 2018, dans un contexte de débat sur le pouvoir d'achat des Français.

38 UFC Que choisir (2014) *Concurrence dans la téléphonie mobile : un bilan sans appel*, 51 p.

Retour de l'inflation : ne jamais dire jamais !

Alors que l'inflation pointe son nez aux États-Unis avec un taux jamais vu depuis 2008, le consensus des économistes s'accorde à penser que cela ne serait qu'un accident de parcours, résultant des plans de relance et de pénuries temporaires. Preuve en est, nous disent-ils, que l'inflation n'a jamais réussi à redémarrer depuis 20 ans, en dépit de périodes de forte activité et de faible chômage aux États-Unis. La courbe de Phillips, l'inflation monétaire : tout cela appartiendrait au passé.

On peut toutefois soutenir une thèse plus nuancée, tant il est vrai que les principaux facteurs qui ont justifié la longue période de faible inflation pourraient bien demain se retourner.

Premier facteur : l'évolution démographique. L'abondance de la main d'œuvre au début des années 2000, notamment avec l'entrée de la Chine dans l'OMC, a contenu toute velléité de hausse du coût du travail. A contrario, la période actuelle est celle d'un vieillissement démographique dans les pays développés. Or, une étude empirique de la Banque des Règlements Internationaux RI montre, sur la base d'un échantillon de 22 pays au cours de la période 1870-2016, qu'une augmentation de la part des personnes dépendantes est structurellement inflationniste[39] : non seulement elle raréfie la main d'œuvre disponible, mais elle stimule la consommation.

Second facteur : l'évolution des coûts de production. Au cours des vingt dernières années, le déclin des syndicats, le pouvoir de monopsone de certains géants sur le marché du travail, l'ouverture au commerce avec des pays à bas salaires ont tiré les rémunérations vers le bas. Mais les temps pourraient bien changer demain, avec la revendication

39 M. Juselius, E. Takáts (2018) "The enduring link between demography and inflation", *BIS Working Paper* N° 722, 34 p.

d'une plus juste répartition de la valeur ajoutée en faveur des salariés, sans même compter les situations de pénurie de main d'œuvre. Une étude du NBER[40] montre que les hausses de salaire octroyées par McDonald aux salariés entre 2016 et 2020 ont été souvent supérieures à celles imposées par la loi et qu'elles ont été répercutées en partie dans le prix… du hamburger. On retrouve ici un mécanisme proche de la courbe de Phillips. Ajoutons à cette hausse des coûts salariaux, la nécessaire transition énergétique, qui fera aussi monter les coûts, le retour du protectionnisme, qui est par nature inflationniste et la reprise en main des GAFA, qui seront davantage régulés et taxés : vous obtenez un cocktail qui milite plutôt en faveur d'un retour de l'inflation par les coûts.

Troisième facteur : les politiques monétaires non conventionnelles. Elles se sont traduites entre 2015 et 2019 en Europe par une hausse de la base monétaire mais une faible augmentation de la masse monétaire. Mais le financement des politiques budgétaires par la BCE a conduit en 2020 à une création monétaire de 11 %. On peut donc s'attendre, une fois que la vitesse de circulation de la monnaie sera rétablie, à un regain d'inflation monétaire. L'économiste P. de Grauwe table même sur un retour à une inflation comprise entre 4 et 6 %, bien au-dessus de la cible officielle de la BCE[41].

Nous voyons donc que la situation actuelle invite à la prudence : si le retour de l'inflation n'a rien de certain, on ne peut toutefois l'exclure. En économie, il ne faut jamais dire jamais.

Chronique publiée dans L'Opinion le 17 mai 2021, dans un contexte de retour de l'inflation aux États-Unis depuis le début de l'année 2021.

---

40 O. Ashenfelter, S. Jurajda (2021) "Wages, Minimum Wages, and Price Pass-Through: The Case of McDonald's Restaurants", *Working Paper NBER* N° 28506, 31 p.

41 P. De Grauwe, S. Diessner (2020), "What price to pay for monetary financing of budget deficits in the euro area", *VoxEU*, 18 Juin

Vénézuela : 1 000 000 % d'inflation

1 000 000 % : voilà le taux d'inflation que connaîtra le Venezuela en 2018, si l'on en croit une étude du FMI. Une situation extrême, qui n'est pas sans rappeler celle de l'Allemagne en 1923 ou du Zimbabwe au début des années 2000. Pour se rendre compte de ce que signifie concrètement l'hyperinflation, prenons l'exemple du prix d'un café à Caracas, comme le fait Bloomberg avec son « *Café con Leche Index* » : en un an, son prix est passé de 2 300 bolivars à 2 millions de bolivars, soit une hausse de 86 857 % !

Cette situation extrême ne vient pas de nulle part et résulte de la conjugaison de plusieurs facteurs. Tout d'abord, la production au Venezuela est en chute libre depuis plusieurs années, à la suite de la mise en place de politiques dirigistes sous Chavez puis Maduro, qui ont découragé toute initiative privée. Quand la production de richesses diminue alors que la demande reste la même, une situation de pénurie se développe et les prix montent mécaniquement. En second lieu, compte tenu de la récession, le gouvernement n'arrive plus à contenir ses dépenses et imprime de la monnaie pour financer son déficit budgétaire. La Banque centrale devient alors une planche à billets aux mains des décideurs politiques ; mais multiplier les billets n'a jamais rendu plus riche, si la production ne suit pas : tout part en inflation. On retrouve ici la célèbre théorie quantitative de la monnaie : quand la masse monétaire progresse trop vite par rapport à la production, alors ce sont les prix qui montent.

Ajoutons à cela que l'inflation conduit à déprécier la valeur de la monnaie nationale – le bolivar – par rapport aux autres devises, ce qui renchérit le prix des importations, libellées en dollars. Mais le facteur le plus important est ailleurs : une fois que l'inflation est lancée, il y a de fortes chances pour qu'elle s'accélère, à cause des anticipations des agents économiques. En effet, craignant une hausse des prix encore plus forte demain, ils achètent aujourd'hui tout ce qu'ils peuvent et fuient la monnaie nationale, ce qui contribue à accélérer la hausse des prix. On entre dans une spirale infernale où l'inflation alimente l'inflation.

Un pays peut-il sortir d'une situation d'hyperinflation ? Difficile mais pas impossible. Une première solution consiste à stopper la monétisation du déficit public en rendant la Banque centrale indépendante ou en nommant à sa tête une personnalité averse à l'inflation. La rigueur monétaire contribuera à casser les anticipations d'inflation, surtout si elle s'accompagne d'un programme de libéralisation de l'économie qui favorise le redémarrage de la production. Cette solution est improbable dans un pays comme le Venezuela, dirigé par des adeptes de l'économie planifiée.

Une autre solution consiste à abandonner sa monnaie nationale au profit d'une devise étrangère, stable et reconnue, en l'occurrence le dollar américain, comme le rappelle l'économiste Steve Hanke dans une contribution[42]. Ce processus de dollarisation officielle d'un pays a été mis en œuvre en 2001 par l'Equateur, qui a renoncé à sa monnaie nationale, le sucre, pour lutter contre l'inflation et la récession. Mais cette solution est inimaginable dans un pays comme le Venezuela, dont toute la rhétorique est axée sur la dénonciation du mal américain. Autant dire que la folie de l'hyperinflation n'est pas prête de s'arrêter au Venezuela.

Chronique publiée dans L'Opinion le 16 août 2018, alors que le Venezuela connaît une situation d'hyperinflation.

42 S. Hanke (2017) "On Venezuela's Tragic Meltdown." Working paper N° 78 Johns Hopkins University, 13 p.

Chapitre 11

Tout travail mérite salaire

Les temps sont toujours aussi difficiles pour les travailleurs : les études empiriques se succèdent et se ressemblent, montrant que depuis 40 ans la part du travail dans la valeur ajoutée a diminué dans les économies développés. Les causes en sont multiples et complexes.

Parmi les facteurs explicatifs, nous trouvons l'affaiblissement du pouvoir de négociation des syndicats mais aussi le développement de situation de monopsone sur le marché du travail : le monopsone profite du fait qu'il est le seul employeur local pour faire baisser les rémunérations. Ces situations s'observent aujourd'hui dans certains bassins d'emploi aux États-Unis, quelques entreprises réalisant l'essentiel des embauches, notamment pour les peu qualifiées (« *Le retour des monopsones* »).

Face à cette situation de monopsone, les pouvoirs publics disposent de plusieurs leviers pour agir. À cet égard, dès son arrivée au pouvoir, Joe Biden a annoncé sa volonté de lever les obstacles à la mobilité des travailleurs, parfois bridés par des clauses de non concurrence très larges. La politique antitrust a également un rôle à jouer, pour lutter contre d'éventuelles ententes entre employeurs ou pratiques d'abus d'exploitation (« *La concurrence au secours des travailleurs* »).

Au-delà de l'action des pouvoirs publics, la concurrence entre les entreprises pour attirer les travailleurs peut constituer un levier naturel de hausse des rémunérations. À cet égard, l'annonce d'Amazon d'une hausse du salaire minimum à 15 $ de l'heure est motivée aussi par la volonté de mettre en difficulté ses principaux concurrents, notamment dans la distribution physique. La générosité d'Amazon avec ses salariés, pour louable qu'elle soit, ressemble à un habile calcul économique (« *15 dollars de l'heure : qui dit mieux ?* »).

Mais le principal facteur qui pourrait permettre une hausse des rémunérations est à rechercher dans le taux de chômage : un faible taux de chômage redonne du pouvoir de négociation des travailleurs. Encore faudrait-il connaitre clairement à quel moment un pays a atteint le « plein emploi », notion délicate à appréhender tant sur un plan théorique que statistique (« *Mais il est où le plein emploi ?* »). Un autre facteur qui pourrait également faire monter les salaires est la pénurie de main d'œuvre observée aux États-Unis dans certains secteurs à la sortie de la crise du Covid-19. Cette situation de pénurie peut surprendre, alors que le taux de chômage américain se situe encore à un niveau élevé. Une explication réside dans l'inadéquation entre l'offre et la demande de travail, ce que les économistes appellent le « mix match » (« *États-Unis : employeur cherche employés* »).

Le retour des monopsones

Deliveroo vient d'informer ses livreurs que le tarif des livraisons allait être modifié pour les courtes distances, passant de 4,80 euros à moins de 3 euros, soit une baisse de plus de 30 %. Si cette baisse sur les petites courses s'inscrit dans une politique globale de recomposition des tarifs, avec en contrepartie une majoration des courses longues, elle témoigne du pouvoir de fixer les prix… à l'achat.

Ce pouvoir porte un nom en économie : le monopsone. Le monopsone est à l'achat ce que le monopole est à la vente : le monopole profite de sa situation pour augmenter son prix de vente. De manière symétrique, le monopsone profite du fait qu'il est le seul acheteur pour faire baisser le prix à l'achat : par exemple, sur le marché du travail, un monopsone peut faire baisser la rémunération de la main-d'œuvre, sans craindre que les travailleurs n'aillent voir ailleurs. Simplement parce qu'ils n'ont pas d'autre choix. Dans le cas de Deliveroo, son pouvoir relève plus de l'oligopsone que du pur monopsone, dans la mesure où il n'est pas seul sur le marché de la livraison de repas à domicile : sa capacité à diminuer les rémunérations est donc plus faible ; elle n'en reste pas moins réelle.

Le sujet du monopsone est un sujet ancien en économie : au XIXe siècle, il n'était pas rare qu'une grande entreprise de sidérurgie ou de textile se retrouve seule à acheter la main-d'œuvre à l'intérieur d'un bassin d'emploi local. Cette situation conduisait à exercer une pression à la baisse sur le salaire des ouvriers, peu mobiles géographiquement. Pour lutter contre ce pouvoir, le remède a consisté pour les salariés à créer des syndicats : ainsi, l'économiste John Hicks définissait en 1932 le syndicat comme une organisation visant à faire contrepoids au pouvoir de monopsone de l'employeur.

Les situations de monopsone sur le marché du travail n'ont pas disparu dans le monde d'aujourd'hui et ont même tendance à resurgir depuis trente ans. Tout d'abord, la concentration industrielle s'est considérablement accrue, notamment sous l'influence des technologies numériques : dans certains bassins d'emploi aux États-Unis, quelques entreprises réalisent l'essentiel des embauches, notamment pour les peu qualifiées. De plus, le contre-pouvoir syndical a diminué. Une étude économique sur données américaines conclut que ce pouvoir à l'achat exerce un effet négatif sur les salaires de l'ordre de 20 %[43].

Face à ce retour des monopsones, l'action syndicale ne constitue sans doute plus un contre-pouvoir suffisant, compte tenu du faible poids des syndicats dans les nouvelles industries et des difficultés d'organiser une action collective. Un nouveau levier d'action est sans doute à rechercher du côté de la… politique antitrust. Lors du contrôle d'une fusion-acquisition, les autorités antitrust analysent le risque d'augmentation du prix des produits pour les consommateurs ; elles pourraient se pencher sur le risque de… diminution des salaires pour les travailleurs. De même, les autorités antitrust pourraient s'intéresser aux clauses de non-concurrence limitant la mobilité de la main-d'œuvre entre entreprises d'un même secteur. Et ce d'autant que ces pratiques ne concernent pas que les personnes très qualifiées : aux États-Unis, 20 % des travailleurs ayant un salaire inférieur à la moyenne sont soumis à une clause de non-concurrence. « L'armée industrielle de réserve » (Marx) pourrait bien trouver demain dans la politique antitrust… son meilleur allié.

Chronique publiée dans L'Opinion le 12 août 2019, à la suite de l'annonce par Deliveroo d'une baisse du tarif des livraisons.

---

43 J. Azar, E. Huet-Vaughn, I. Marinescu, B. Taska, T. von Wachter (2019) "Minimum wage employment effects and labor market concentration", NBER Working Paper N° 26101, 42 p.

La concurrence au secours des travailleurs

Lors de l'annonce, le 9 juillet 2021, de son projet en faveur d'une plus grande concurrence dans l'économie américaine, Joe Biden a insisté sur les bienfaits à attendre des réformes pro-concurrentielles pour… les travailleurs. Mais en quoi la concurrence pourrait-elle leur être profitable ?

En premier lieu, un travailleur peut avoir du mal à exercer son métier, dès lors que des réglementations sectorielles limitent excessivement l'accès au marché. En particulier, l'obligation de détenir une licence professionnelle, justifiée au départ par un impératif de qualité des prestations, peut dériver vers un niveau d'exigence injustifiée : la licence constitue alors une barrière à l'entrée artificielle, destinée à protéger les opérateurs installés de l'arrivée de nouveaux entrants. Aujourd'hui, près de 30 % des emplois aux États-Unis exigent une licence professionnelle, contre moins de 5 % dans les années 1950. De surcroît, ces certificats d'exercice ne sont pas les mêmes d'un État à l'autre, ce qui limite la mobilité entre les États.

En second lieu, les travailleurs peuvent avoir du mal à faire jouer la concurrence entre les employeurs potentiels, dès lors que ces derniers leur font signer des clauses de non concurrence très larges. Selon une étude de l'Economic Policy Institute, 28 % des travailleurs américains du secteur privé auraient signé de telles clauses en 2019, contre 18 % en 2014[44]. Il est intéressant de relever que ces clauses ne concernent pas seulement des personnes très diplômées : elles touchent également les travailleurs peu qualifiés.

En troisième lieu, les entreprises d'un même secteur ou bassin d'emploi peuvent s'entendre entre elles pour fixer les salaires, les conditions

44 A. Colvin, H. Shierholz (2019) "Noncompete agreements" Report Economic Policy Institute, 16 p.

de travail ou s'engager à ne pas se débaucher mutuellement la main d'oeuvre. Dès 2010, les autorités antitrust américaines se sont intéressées à ce type d'accord au titre du droit des ententes, que ce soit dans le secteur de la haute technologie, des infirmiers ou des mannequins.

Mais le plus intéressant est sans doute le cas du travailleur qui se retrouve face à un unique employeur local. S'il est peu mobile géographiquement, l'entreprise va être tentée de lui proposer un salaire inférieur à celui qu'il aurait perçu grâce au libre jeu de la concurrence. Cette situation est connue en économie sous le nom de « monopsone » et se présente comme le cas symétrique du monopole : alors qu'un monopole profite d'être le seul offreur pour augmenter son prix de vente, le monopsone tire parti du fait qu'il est le seul demandeur, pour baisser le prix d'achat, ici le prix de la main d'œuvre. Cette situation n'a rien de théorique aux États-Unis, si l'on en croit une étude d'Azar, Marinescu et Steinbaum (2020)[45]. Les auteurs ont analysé le degré de concentration des offres d'emploi dans plus de 8 000 zones géographiques et constatent que, toutes choses égales par ailleurs, plus la concentration est forte, moins les salaires sont élevés. Dans les cas de très forte concentration, la baisse de salaire atteint même jusqu'à 17 %. La politique antitrust pourrait être utilement mobilisée dans ces situations extrêmes, au titre de l'abus de position dominante… de l'employeur.

Chronique publiée dans L'Opinion le 21 juillet 2021, à la suite de l'annonce par Joe Biden de réformes en faveurs de la concurrence sur le marché du travail.

45 J. Azar, I. Marinescu, M. Steinbaum, B. Taska (2020) "Concentration in US labor markets: Evidence from online vacancy data", *Labor Economics*

15 dollars de l'heure : qui dit mieux ?

15 dollars de l'heure : voilà le nouveau salaire minimum qu'Amazon va appliquer à compter du 1er novembre 2018 à ses 250 000 salariés américains et 100 000 employés saisonniers. Pour mémoire, 15 dollars, c'est plus du double du salaire minimum fédéral, fixé à 7,25 dollars depuis 2009. Bref, l'annonce d'Amazon représente un bond en avant pour les travailleurs peu qualifiés, abonnés depuis longtemps aux bas salaires. Comment expliquer un tel geste ? Quatre raisons, non exclusives l'une de l'autre, peuvent être avancées.

En premier lieu, dans un pays où les inégalités de revenu n'ont jamais été aussi fortes, le patron d'Amazon, Jeff Bezos, sait parfaitement qu'il risque, un jour ou l'autre, d'être montré du doigt. Rappelons qu'il a amassé, grâce au succès de son entreprise, une fortune personnelle de 112 milliards de dollars, qui en fait l'homme le plus riche du monde : difficile dans ces conditions de ne pas redistribuer un peu de la manne du succès d'Amazon à ses salariés. Début septembre, le sénateur démocrate Bernie Sanders avait d'ailleurs déposé un projet de loi visant à taxer les entreprises américaines dont les salariés touchent des aides sociales faute de percevoir un salaire suffisant. En augmentant le salaire minimum de sa propre initiative, Jeff Bezos coupe l'herbe sous le pied à toute velléité d'interventionnisme en la matière.

En second lieu, Amazon, comme toutes les entreprises américaines, se trouve confrontée à une situation assez inédite sur le marché du travail : il n'y a quasiment plus de chômeurs aux États-Unis, le taux de chômage ayant atteint 3,7 %, soit son plus bas niveau depuis 1969. Dans un tel contexte, la loi de l'offre et de la demande joue à plein : la pénurie de travail se traduit logiquement par une hausse de son prix, à savoir le salaire. Les travailleurs, même peu qualifiés et peu syndiqués, sont désormais en position de force pour obtenir des augmentations et des primes, puisqu'ils peuvent toujours aller voir ailleurs.

En troisième lieu, une hausse des salaires ne se traduit pas forcément par une hausse équivalente des coûts de production, comme le montre la théorie du « salaire d'efficience » : si les salariés sont mieux payés, ils réagissent en étant plus coopératifs et plus productifs au travail. La productivité va donc augmenter, ce qui réduit le coût horaire du travail. De même, lorsque les salaires augmentent, les individus sont davantage incités à rester dans la même entreprise, ce qui diminue le taux de rotation du personnel. Or, le taux de rotation est élevé pour les salariés peu rémunérés, qui changent souvent d'emplois en raison des conditions de travail peu attractives. Réduire le turnover, c'est réduire les coûts de recrutement.

Dernière explication : en augmentant les bas salaires, Amazon met en difficulté ses principaux concurrents, notamment dans la distribution physique. Le géant Walmart, qui propose un salaire minimum de 11 dollars, va avoir du mal à retenir ses salariés, tout comme Target. Moins de personnels dans les magasins physiques, cela risque de dégrader l'expérience client, lesquels se tourneront vers… le commerce en ligne, alors que le grand rush des fêtes de fin d'année approche.

La générosité d'Amazon avec ses salariés, pour louable qu'elle soit, est un habile calcul économique.

Chronique publiée dans L'Opinion le 10 octobre 2018, à la suite de l'annonce par Amazon d'une hausse de son salaire minimum.

Mais il est où le plein emploi ?

Lors de sa conférence de presse, Emmanuel Macron a affirmé vouloir atteindre le « plein emploi » dans notre pays à horizon 2025. Voilà l'occasion de revenir sur une notion délicate à appréhender tant sur un plan théorique que statistique.

Ecartons d'emblée l'idée que le plein emploi puisse signifier un chômage égal à zéro. L'histoire économique nous montre qu'il existe toujours un taux de chômage minimum, pour ne pas dire incompressible : ainsi, durant les Trente glorieuses, alors que la croissance atteignait en France 5 % par an, le taux de chômage ne descendait jamais en dessous des 2 %. Même lorsque la conjoncture est au beau fixe, subsiste toujours un niveau minimum de chômage, qualifié de « chômage structurel », par différenciation avec le chômage « conjoncturel ». D'où vient donc ce chômage structurel ?

Une première explication tient au fait qu'il s'écoule toujours un laps de temps entre le moment où une personne quitte un emploi et en prend un autre. En particulier, compte tenu de la multiplicité des offres d'emploi et du manque d'information sur chaque poste, un individu peut avoir intérêt à rester au chômage un certain temps, pour trouver l'emploi qui lui convient le mieux. Ce comportement de « *job search* », mis en évidence par le Prix Nobel Georges Stigler, dépend en partie du niveau d'indemnisation du chômage : plus les indemnités sont généreuses, plus la personne va prendre son temps. Une étude Natixis montre ainsi une corrélation positive et significative entre générosité de l'indemnisation du chômage et taux de chômage structurel.

Une seconde explication résulte de l'inadéquation entre les postes offerts et les compétences des salariés. Supposons par exemple que la population active soit composée de 100 personnes ; 6 postes de boulangers sont à pourvoir, tandis que 6 juristes sont en recherche d'emploi. Le chômage devrait être nul dans la mesure où le nombre d'emplois offerts est juste égal au nombre d'emplois demandés. Mais en réalité le taux de chômage sera de 6 % : les 6 juristes n'ont en effet pas les compétences pour exercer la profession de boulanger. Ce problème de mauvais appariement sur le marché du travail est difficile à résoudre : il renvoie à l'efficacité du système de formation professionnelle et au manque d'attractivité de certains métiers. En France, en 2017, selon une estimation de Pôle emploi, entre 200 000 et 330 000 recrutements ont été abandonnés, faute de candidats adaptés. Des métiers comme dessinateur industriel ou carrossier automobile n'attirent par exemple pas grand monde, alors que la demande existe.

Une troisième explication vient du fait que le coût du travail – et notamment le salaire minimum – peut être trop élevé par rapport à la productivité de certains salariés, souvent peu ou non qualifiés : même lorsque la conjoncture est bonne, les entreprises n'embaucheront pas ces personnes, sauf si des mesures d'allègement significatif du coût du travail sont adoptées.

Une fois que l'on a cerné les contours de ce chômage « structurel », il reste à en apprécier l'ampleur. Une première méthode consiste à observer la tendance du taux de chômage sur longue période, pour détecter une sorte de plancher en dessous duquel on ne passe pas : en France, sur la période 1985-2018, le plancher se situe à 7,3 %. Mais cette approche néglige le fait que le chômage structurel peut augmenter à la suite d'une récession forte, comme celle de 2008, qui conduit à ce que des personnes restent au chômage longtemps et perdent ainsi leurs compétences ; ils deviennent alors difficilement employables lorsque la croissance redémarre, ce qui conduit à augmenter le taux de chômage structurel.

Une autre mesure consiste à regarder si le marché du travail connaît une tension sur les salaires, ce qui serait le signe que le plein emploi est atteint : on retrouve ici la bonne vieille courbe de Phillips, qui indique une relation inverse entre hausse des salaires et taux de chômage, et le fameux « NAWRU », qui est le taux de chômage tel que les salaires restent stables. Force est de constater qu'en France, en dépit de la baisse du chômage depuis 2016, les hausses de salaire sont restées jusqu'ici modérées, même si on observe depuis peu une tension sur la rémunération des cadres.

Une troisième mesure consiste à analyser si les entreprises ont des difficultés pour recruter des salariés. Les enquêtes montrent à cet égard une augmentation significative des difficultés de recrutement de personnel qualifié, notamment dans la sécurité informatique ou la gestion de bases de données.

Quelle que soit la méthode statistique retenue, il est probable que le taux de chômage structurel se situe à un niveau élevé en France. Selon les estimations de l'OCDE, sur la période 2002-2015, le chômage structurel serait même passé dans notre pays de 8,6 % à 9,1 % : nous faisons plutôt partie des mauvais élèves, même si la situation est encore plus critique dans des pays comme l'Espagne (passé de 13 % à 15,5 %) ou la Grèce (passé de 11 % à 16 %). Des pays comme la Norvège affichent à l'inverse un taux de chômage structurel faible et constant dans le temps, de l'ordre de 3,4 % ; il oscille entre 4 % et 5 % aux États-Unis.

Mais le cas allemand nous redonne de l'espoir : alors qu'il atteignait les 9,9 % en 2005, le chômage structurel a fortement diminué en l'espace de dix ans, pour atteindre 4,6 % en 2015. Le chômage structurel n'a donc rien d'une fatalité, à condition de mener des politiques… structurelles, qui agissent sur la qualité de la formation et sur l'incitation à reprendre un emploi.

Chronique publiée dans L'Opinion le 29 avril 2019, à la suite de l'annonce par Emmanuel Macron d'un objectif de « plein emploi » à l'horizon 2025.

États-Unis : employeur cherche employés

« Pénurie » : voilà un terme qui revient souvent depuis quelques mois lorsque l'on évoque le fort rebond de l'économie américaine. Pénurie de matières premières, de produits intermédiaires, de machines-outils et… de main d'œuvre. Le terme de « pénurie » peut surprendre dans ce dernier cas, alors même que le taux de chômage américain se situe encore à 5,4 % en juillet – soit 2 points au-dessus de son niveau d'avant la crise du Covid-19. Cette pénurie semble particulièrement marquée dans certaines professions comme la restauration, les loisirs ou l'hôtellerie, où les entreprises peinent à recruter.

Les origines de cette situation sont multiples et personne n'y voit encore très clair sur l'importance de chaque facteur.

Un premier facteur pourrait tenir à la hausse des prestations d'assurance chômage durant la pandémie, qui aurait incité certaines personnes à rester chez elles plutôt qu'à reprendre un emploi. Notons toutefois que ces prestations chômage sont d'un montant assez limité et qu'elles ont déjà pris fin dans certains États, notamment concernant l'aide fédérale supplémentaire de 300 dollars.

Un second facteur qui peut jouer est la fermeture d'une partie des écoles et des crèches, qui handicape le retour sur le marché du travail de l'un des deux conjoints, et notamment des femmes. Il s'agit à nouveau d'un facteur assez conjoncturel.

Un troisième facteur, plus structurel, tient à l'éventuelle inadéquation entre l'offre et la demande de travail, ce que les économistes appellent un problème de *« mix match »*. L'inadéquation peut toucher les compétences : en effet, les compétences recherchées par les employeurs ne correspondent plus forcément à celles que la main-d'œuvre peut offrir, dans la mesure où la crise du Covid-19 a modifié la répartition sectorielle des jobs. Par exemple, une hôtesse de l'air qui a perdu son travail ne peut pas immédiatement occuper un emploi de chef de rayon dans un supermarché. L'inadéquation peut être également géographique : l'essor du travail à domicile pendant la pandémie a conduit des ménages à quitter les zones urbaines pour rejoindre des zones moins denses, alors que certains emplois, comme dans la restauration, sont restés majoritairement localisés en centre-ville.

La conséquence de cette pénurie de main d'oeuvre est assez logique : lorsque la demande de travail augmente plus vite que l'offre, les travailleurs sont en position de force pour obtenir des hausses de rémunération. Ainsi, dans le secteur des loisirs et de l'hôtellerie, les salaires ont augmenté de 9,6 % par rapport à l'année précédente mais ils se situaient à un niveau notoirement bas.

Faut-il s'en inquiéter ? Si cette hausse des salaires venait à se généraliser et se prolonger dans le temps, le problème prendrait une tout autre dimension et un autre nom : l'inflation salariale. On verrait alors ressurgir un phénomène bien connu durant les années 1970/80 et qui a disparu depuis : la « boucle prix-salaires ». De quoi s'agit-il ? Face à la hausse du coût du travail, les entreprises pourraient réagir en augmentant le prix de leurs produits et services, en particulier dans les secteurs abrités de la concurrence internationale. Une véritable course poursuite s'enclencherait entre hausse des salaires et hausse des prix. On en est encore loin pour le moment mais en économie, rien n'est jamais impossible.

Chronique publiée dans L'Opinion le 17 août 2021, dans un contexte de pénurie de main-d'œuvre aux États-Unis dans certains secteurs.

Chapitre 12

Dépenses publiques : le mythe de l'argent gratuit

À l'occasion de la crise du Covid-19, tous les pays ont fait le choix de laisser filer leurs déficits publics, en ouvrant largement les vannes de la dépense. Ils ont eu raison : à grand choc, grands remèdes. D'un point de vue théorique, une forte hausse de la dette n'est pas une mauvaise nouvelle en soi : face à un choc négatif sur l'offre et la demande, il est logique que la dépense publique vienne se substituer momentanément à des investissements et une consommation privés en berne (« *La thérapie par la dette publique : oui mais* »).

Pour autant, il est légitime de s'inquiéter de la hausse de la dette publique, tout particulièrement dans un pays France, où les déficits publics sont la norme depuis 1975. En effet, les citoyens risquent d'être confortés dans l'idée selon laquelle tout problème peut se régler par l'endettement public. Cette croyance est d'autant plus discutable que les services publics proposés ne sont souvent pas à la hauteur des prélèvements consentis par les citoyens. Lorsque l'on compare la France aux pays scandinaves, les résultats ne sont guère flatteurs : nous avons le niveau de prélèvements et de dépenses publiques d'un pays du nord mais les performances d'un pays du sud (« *La France, pays du Nord par la dépense, pays du Sud par les performances* »). Les citoyens nourrissent d'ailleurs des doutes légitimes sur les effets de la dépense publique, lorsqu'elle est financée par des baisses d'impôt : ils anticipent que les impôts augmenteront demain et constituent une épargne de précaution. L'effet d'une relance sur la consommation sera alors limité (« *Relance fiscale : êtes-vous plutôt keynésiens ou ricardiens ?* »).

Les partisans en France du « toujours plus » comptent sans doute sur l'Union européenne et le fédéralisme budgétaire, pour financer de nouvelles dépenses publiques. Mais c'est oublier que ceux qui paient exigeront des efforts de la part des bénéficiaires de l'aide reçue, sous la forme de réformes structurelles. Le fédéralisme budgétaire ne fonctionnera à long terme que si la solidarité entre pays d'Europe n'est pas à sens unique (« *Pas de fédéralisme budgétaire à sens unique* »). Une autre tentation consiste à demander l'annulation de la dette publique Covid. Les partisans d'une telle option mobilisent l'argument historique, mais comparaison n'est pas toujours raison. Ils oublient également qu'il y a un coût économique à renier ses propres engagements. Le décideur politique réalisera certes un gain à court terme mais il aura perdu toute crédibilité aux yeux des marchés financiers (« *Annulation de la dette Covid : l'histoire et la politique ne peuvent pas tout* »).

La thérapie par la dette publique ? Oui, mais

Ce qui était au départ une crise sanitaire s'est rapidement transformé en une crise économique d'une violence inégalée : en Europe, la Commission table désormais sur une chute du PIB de 7,7 % en 2020. Du jamais vu depuis la Grande Dépression. Face à l'urgence de la situation, l'Etat a rapidement pris les commandes de l'économie : il a laissé filer les déficits, en gelant les rentrées fiscales et en ouvrant les vannes de la dépense publique. Il a eu raison : à grand choc, grands remèdes.

Dans le cas de la France, le déficit public devrait plonger à 9,9 % du PIB en 2020 et la dette atteindre 116 % ; même la vertueuse Allemagne va connaître une tendance similaire, avec un déficit de 7 %, contre un excédent budgétaire de 1,4 % en 2019. Faut-il s'en inquiéter ? Sur le principe, non ; en pratique, oui, surtout pour un pays comme la France.

D'un point de vue théorique, une forte hausse de la dette n'est pas une mauvaise nouvelle en soi : face à un choc négatif sur l'offre et la demande, il est logique que la dépense publique vienne se substituer momentanément à des investissements et une consommation privés en berne. C'est le sens même d'une politique contracyclique.

Les marchés financiers ont d'ailleurs intégré ce rôle salutaire de la dette publique puisqu'ils continuent à accorder leur confiance aux pays les plus solides de la zone Euro : preuve en est, l'Allemagne a levé sans difficulté plus de 7,5 milliards d'euros à échéance de 15 ans et… à des taux négatifs. La France a émis de son côté de la dette à… 40 ans, au taux de 0,86 %.

Il n'existe pas non plus de chiffre absolu en matière de dette publique : dire qu'il ne faut pas dépasser les 100 % du PIB n'a pas de sens.

Qui plus est, une dette peut n'être jamais remboursée, si elle est refinancée régulièrement, surtout à des taux bas : seule la charge de la dette doit alors être payée.

Pour autant, on peut s'inquiéter de la hausse de la dette publique.

Tout d'abord, dire qu'il n'y a pas de chiffre absolu pour la dette ne signifie pas que l'on peut s'endetter à l'infini : il y a forcément un seuil au-delà duquel les marchés financiers auront des doutes sur sa soutenabilité et exigeront une prime de risque. Les taux d'intérêt exploseront alors et le pays se verra rappeler brutalement à la réalité.

De plus, si la dette publique est monétisée par la BCE, la contrainte de financement est certes levée mais au prix d'une inflation : si ce n'est pas sur le marché des biens et services, ce sera ailleurs, et notamment sur le marché de l'immobilier, avec une bulle.

Ensuite, un pays qui s'endette doit avoir conscience qu'il fait peser un risque financier sur les générations futures : si les taux remontent, le refinancement de la dette coûtera plus cher demain et amputera d'autant les marges de manœuvre de l'État. La dépense publique supplémentaire affectée au paiement des intérêts se fera en effet au détriment d'autres dépenses utiles, telle que l'éducation ou la santé.

Mais surtout, dans un pays comme la France où les déficits publics sont la norme depuis 1975, les citoyens risquent d'être confortés dans l'idée selon laquelle tout peut se régler durablement par de la dépense publique. La dette est certes un très bon médicament pour stopper une crise ; ce ne doit pas devenir une drogue dure.

Chronique publiée dans L'Opinion le 13 mai 2020, à la suite de la forte hausse des dépenses publiques durant la crise du Covid-19.

La France, pays du Nord par la dépense, pays du Sud par les performances

S'il est difficile de cerner l'ensemble des revendications des Gilets jaunes, une constante apparaît dans leur discours : le pacte fiscal est rompu. Le pacte fiscal entre le citoyen et l'État est au fondement même du consentement à l'impôt : j'accepte de payer parce que je sais que j'obtiendrai en retour pour moi-même, mes proches ou la collectivité des prestations à la mesure de mon prélèvement. Dans une telle perspective, l'impôt est moins perçu comme une amputation du pouvoir d'achat que comme une manière indirecte, mutualisée, et coercitive – l'impôt étant obligatoire – d'offrir à tous des services publics.

Sans l'impôt, ces services auraient été offerts par le secteur privé et payés directement par le citoyen : par exemple, en échange de l'impôt, je sais que mes enfants pourront aller demain dans un lycée public « gratuitement » (en réalité, pour un coût annuel de 10 102 euros) et n'auront donc pas à payer directement pour étudier.

Toute la question est alors de savoir si les services publics proposés sont à la hauteur des prélèvements consentis par les citoyens. À cet égard, la formule de Jacqueline Mouraud « Qu'est-ce que vous faites du pognon ? » est éclairante : les Gilets jaunes ne contestent pas le principe même de la ponction fiscale, ils veulent simplement en avoir pour leur argent. En filigrane, ils posent la question de l'usage de leurs impôts : si les Français confient chaque année à l'État 48,4 % de la richesse qu'ils créent – ce qui fait de notre pays le champion des prélèvements obligatoires, devant le Danemark – ils veulent en retour des résultats. Et ce d'autant que nous sommes aussi les champions de la dépense publique, devant la Finlande, avec un ratio égal à 56 % du PIB, soit 8 points de plus que le reste de l'Europe.

Or, lorsque l'on compare la France à d'autres pays européens, et notamment aux pays scandinaves, les résultats ne sont guère flatteurs. Du côté des performances macroéconomiques, notre taux de croissance sur dix ans a toujours été inférieur à celui de la zone euro, tandis que notre taux de chômage a été systématiquement supérieur. Sur le front de la justice sociale et de l'éducation, point fort des pays scandinaves, la situation française n'est pas plus réjouissante. Le nombre de pauvres, tel qu'il est défini par l'Insee, avoisine les 9 millions de personnes ; la France compte 2,5 millions d'illettrés ; l'ascenseur social y est durablement en panne (le lien entre réussite à l'école et milieu socio-économique est plus fort que dans la moyenne de l'OCDE).

Qui plus est, la France occupe un rang moyen dans le classement Pisa, en pointant à la 27e place sur 72, loin derrière le Japon ou la Finlande. Bref, nous prélevons et dépensons beaucoup pour des résultats assez médiocres et souvent injustes. Parmi nos pairs européens, nous avons le niveau de prélèvements et de dépenses publiques d'un pays du nord mais les performances d'un pays du sud.

Face à ce constat implacable, deux trajectoires réformatrices sont possibles. La première – plutôt anglo-saxonne – consiste à réduire le périmètre de la dépense publique, ce qui permettra en contrepartie des baisses drastiques d'impôts. La seconde – plutôt inspirée des pays du Nord – consiste à faire beaucoup mieux avec autant, en rendant l'action publique enfin efficace. La juste voie de la réforme se situe sans doute entre les deux.

Chronique publiée dans L'Opinion le 4 décembre 2018, suite au mouvement des Gilets Jaunes.

Relance fiscale : êtes-vous plutôt keynésiens ou ricardiens ?

Le pouvoir d'achat représente la quantité de biens et services que l'on peut acheter avec son revenu disponible, compte tenu du niveau général des prix. Sur le long terme, son augmentation dépend fondamentalement de la croissance économique, des gains de productivité et relève donc de politiques structurelles. À court terme, il est toutefois possible d'agir, en jouant sur le niveau des prix – au travers de réformes concurrentielles par exemple – ou sur le revenu disponible des ménages, via une baisse de la fiscalité.

En particulier, une forte baisse de l'impôt sur le revenu augmentera mécaniquement la fiche de salaire ou le bulletin de pension de nombreux Français. Si les ménages se comportent comme des « keynésiens », ils profiteront de cet effet d'aubaine pour consommer plus et nous assisterons à une relance fiscale. L'impact sur la consommation sera d'autant plus marqué qu'il sera ciblé sur les premières tranches d'imposition : en effet, la propension à consommer d'un ménage est d'autant plus forte que son revenu est faible.

Mais un autre scénario est possible, théorisé sous le doux nom de « théorème Ricardo-Barro » ; les ménages peuvent estimer que la baisse d'impôt n'aura rien de durable et adopter un comportement « ricardien » : plutôt que de dépenser ce supplément de revenu, ils constitueront une épargne de précaution, en prévision d'impôts futurs. L'effet de la réforme fiscale sur la consommation sera alors faible, voire inexistant.

Il est donc important de savoir si les ménages se comportent plutôt en keynésiens ou en ricardiens. Le choix entre ces deux attitudes va dépendre de plusieurs facteurs. Tout d'abord, le niveau de dette publique du pays : s'il est très élevé, les ménages seront assez sceptiques sur la crédibilité d'une baisse de l'impôt. Il n'existe certes pas de chiffre magique pour déterminer le seuil au-delà duquel la dette publique est perçue comme problématique mais on peut constater qu'elle atteint déjà en France les 100 % du PIB. De même, les ménages vont se demander si la baisse d'impôts est tenable, dans la mesure où elle entraine une hausse du déficit budgétaire ; or, en Europe, la marge de manœuvre d'un gouvernement pour un dérapage des finances publiques est fortement encadrée par la règle des 3 %, sauf à aller au conflit avec Bruxelles.

Dans la même veine, une baisse des impôts sera considérée d'autant plus crédible qu'elle sera accompagnée en parallèle d'un ambitieux programme de réduction de la dépense publique : à l'heure où les Français demandent autant sinon plus de services publics, il sera délicat d'utiliser ce levier. Dernier facteur qui peut affecter le comportement des Français : leur attitude vis-a-vis du futur et de leur descendance. Ils peuvent avoir un comportement « dynastique », consistant à se soucier du niveau de vie de leurs enfants et petits enfants. Par exemple, s'ils estiment que la baisse de la fiscalité aujourd'hui se traduira par une hausse de la dette publique qu'il faudra bien rembourser un jour, ils épargneront plus pour transmettre un patrimoine plus élevé à leurs descendants. À l'inverse, des ménages plutôt « consuméristes » préfèreront profiter de l'instant présent, quitte à laisser une ardoise aux générations futures. Il y a fort à parier que nous soyons tous un peu ricardiens dans nos principes et… très keynésiens dans nos pratiques de consommation.

Chronique publiée dans L'Opinion le 20 avril 2019, à la suite de la crise des Gilets Jaunes et aux annonces sur une hausse du pouvoir d'achat.

Pas de fédéralisme budgétaire à sens unique

750 milliards d'euros : l'Union européenne s'est accordée sur un plan de relance commun, composé de 390 milliards de subventions et de 360 milliards de prêts. L'Europe vient ainsi de franchir un pas décisif dans sa marche vers le fédéralisme budgétaire. Pour bien comprendre l'enjeu d'un tel accord, il est intéressant de revenir sur la célèbre théorie des zones monétaires optimales, développée il y a soixante ans par l'économiste Robert Mundell.

L'idée de départ est relativement simple : lorsque plusieurs pays décident d'adopter la même monnaie, comme c'est le cas au sein de la zone euro, ils renoncent par définition à leur propre politique monétaire et de change. Ce renoncement n'est pas très coûteux lorsque les membres de l'Union monétaire font face à des chocs symétriques. En revanche, si les chocs sont asymétriques, un pays qui adhère à une union monétaire se prive d'une arme de relance, à savoir la dévaluation de sa propre monnaie.

À cet égard, si la crise sanitaire du Covid-19 constitue bien au départ un choc symétrique, ses conséquences économiques sont quant à elles asymétriques entre pays d'Europe. Il suffit pour s'en convaincre de regarder les prévisions de récession de la Commission pour l'année 2020, qui oscillent entre – 11,2 % pour l'Italie et – 5,3 % pour la Suède.

Face à un choc asymétrique, les membres d'une Union monétaire doivent donc trouver un mécanisme d'ajustement autre que la dévaluation de leur propre monnaie.

Un premier mécanisme pourrait être la mobilité des travailleurs : ceux résidant dans les pays à fort taux de chômage iraient chercher du travail dans d'autres pays européens, en meilleure santé. Dit de manière imagée, les Italiens iraient massivement travailler aux Pays-Bas ou en Allemagne. Ce mécanisme de rééquilibrage existe entre les états des États-Unis, mais pas en Europe, où les migrations de main-d'œuvre sont structurellement faibles.

Un second mécanisme consisterait pour les pays touchés par la récession à baisser les salaires et les prix, pour redevenir compétitif et stimuler leurs exportations. Cette flexibilité à la baisse existe peu en pratique, surtout dans les pays du Sud de l'Europe.

Il reste un troisième instrument : bénéficier de transferts budgétaires massifs, en provenance des pays de l'Union qui se portent mieux. Cela s'appelle le fédéralisme budgétaire. Il est incarné aujourd'hui par les 390 milliards de subventions du plan de relance européen. Compte tenu de l'insuffisance actuelle des ressources propres de l'Union européenne – la taxe aux frontières n'étant pas pour demain –, ce sont bien les citoyens de certains pays d'Europe qui paieront avec leurs impôts les subventions accordées à d'autres pays. Il n'est donc guère surprenant que ceux qui paient exigent des efforts de la part des bénéficiaires de l'aide reçue, sous la forme de réformes structurelles. Le fédéralisme budgétaire ne fonctionnera à long terme que si la solidarité entre pays d'Europe n'est pas à sens unique. Il ne doit pas être détourné de son objectif initial – amortir un choc asymétrique – pour devenir en pratique un mécanisme de subventions perpétuelles et unilatérales des pays du Nord… vers les pays du Sud.

Chronique publiée dans L'Opinion le 22 juillet 2020, à la suite de l'annonce d'un plan de relance commun de l'Union européenne d'un montant de 750 milliards d'euros.

Annulation de la dette Covid : l'histoire et la politique ne peuvent pas tout

« L'histoire nous a maintes fois montré que les difficultés juridiques s'effacent devant les accords politiques » : telle est la conclusion de l'appel lancé par une centaine d'économistes en faveur d'une annulation de la dette Covid contractée par la BCE.

Pour ce qui est de l'argument historique, il est factuellement juste mais largement sorti de son contexte. L'histoire contemporaine regorge certes d'exemples d'Etats ayant annulé leur dette – à l'image du Mexique en 1861 ou de l'Union Soviétique à la fin de 1917 – mais ces décisions sont intervenues souvent à la suite d'un changement de régime politique : il s'agissait de solder un héritage « illégitime » du passé, fondé sur la dictature ou le colonialisme. Une doctrine juridique sur la « dette odieuse » a même été élaborée dès 1927 par Sack, considérant qu'une dette contractée par un régime contre l'intérêt de ses propres citoyens *« n'est pas obligatoire pour la nation : c'est une dette de régime, dette personnelle du pouvoir qui l'a contractée ; par conséquent, elle tombe avec la chute de ce pouvoir. »*. Force est de constater que nous ne sommes pas aujourd'hui dans ce cas de figure : nous avons en Europe des gouvernements démocratiquement élus, qui ont fait le choix de contracter une dette non pour oppresser leur population mais pour faire face à l'une des plus graves crises économiques depuis 1929. Comparaison n'est pas toujours raison.

Pour ce qui est de l'argument de la toute-puissance du politique, il omet de rappeler qu'il y a un coût économique à faire et défaire les traités. Pour bien le comprendre, il faut revenir à la notion de « crédibilité » : une politique économique est considérée comme crédible si elle obéit à des règles claires et constantes, qui sont annoncées à l'avance et permettent aux agents d'anticiper le comportement futur des pouvoirs publics. Changer les règles du jeu au cours du jeu, ne serait-ce qu'une seule fois, revient à renier ses propres engagements. Le décideur politique réalisera certes un gain à court terme mais il aura perdu toute crédibilité aux yeux des acteurs économiques. Ainsi, dans le cas de la dette Covid, ces derniers se diront que si l'Europe est capable d'annuler les 25 % de dette détenue par la BCE, pourquoi ne ferait-elle pas de même demain sur les 75 % détenue directement par des acteurs privés ? La sanction économique sera aussi simple que redoutable : comme ils n'auront plus confiance, les investisseurs privés exigeront une prime de risque. Même dans un environnement de taux structurellement bas, les taux d'emprunt seront élevés, faute d'une confiance suffisante. Pour s'en convaincre, il suffit de regarder ce qui s'est passé avec la Grèce, à la suite de l'épisode de restructuration de sa dette en Mars 2012. Les marchés obligataires ont eu la mémoire longue et la dent dure : la Grèce devra attendre Juillet 2017, avant de retrouver un accès direct aux marchés de capitaux ; elle ne devra son sauvetage pendant ces 5 années qu'à la faveur des plans d'aide du FMI et de l'Union Européenne. Il est donc imprudent d'exiger une annulation de la dette détenue par la BCE. Cette demande est d'autant plus infondée que cette dette Covid ne coûte rien aux États européens, puisque les taux d'intérêt qu'ils versent à la BCE… leur sont ensuite reversés.

Chronique publiée dans L'Opinion le 4 mars 2021, alors que plusieurs voix se sont élevées pour demander l'annulation de la dette publique contractée par la BCE durant la crise du Covid-19.

Chapitre 13

Précieuse monnaie

La monnaie est l'une des institutions économiques les plus essentielles mais aussi les plus fragiles qui soit, dans la mesure où elle repose sur la confiance des agents dans la stabilité de sa valeur au cours du temps.

Autant dire que la monnaie doit être protégée d'une trop forte inflation. Des pays comme le Vénézuela l'ont appris à leur dépend : l'hyperinflation qui y sévit depuis 2016 a conduit logiquement à une dépréciation du taux de change du bolivar face au dollar. Dans un pays en proie à une forte inflation, le taux de change évolue en sens inverse de la hausse des prix : plus l'inflation est forte, plus la monnaie locale se déprécie (« *Dessine-moi une crise de change* »). On comprend à contrario l'attachement à l'Euro des 19 pays qui l'utilisent quotidiennement. Décrié lors de son lancement en 2002, l'euro a réussi à susciter progressivement l'adhésion de ses membres parce qu'il a toujours été synonyme de stabilité des prix (« *Euro : touche pas à mon monnaie (unique)* »).

Cette stabilité de la monnaie doit beaucoup à l'indépendance de la Banque Centrale Européenne. L'indépendance de la BCE, tout comme celle de la FED, n'a rien d'anecdotique : elle est au fondement même de la stabilité des prix que connaissent les pays développés depuis près de 30 ans et prend appui sur des principes économiques bien établis. Il est donc dangereux, comme a tenté de le faire Donald Trump, de remettre en cause l'indépendance de la Banque Centrale (« *Précieuse indépendance des Banques centrales* »).

Si l'action des Banques Centrales permet, en contrepartie d'une inflation maitrisée, de maintenir les taux d'intérêt de long terme à un faible niveau, ces derniers ne dépendent pas seulement de la politique monétaire. Ils résultent également de facteurs structurels, tels que l'évolution démographique dans les pays riches, marquée par le vieillissement de la population. Il en résulte que depuis plusieurs années maintenant des pays comme la France ou l'Allemagne empruntent à des… taux négatifs, grâce à l'abondance d'épargne. C'est le monde à l'envers : désormais, ce sont les prêteurs qui rémunèrent les emprunteurs ! (« *Longue vie aux taux bas* »). Cette situation atypique, et sans doute amenée à durer, pourrait conduire les banques commerciales à répercuter ces taux d'intérêt négatifs sur les comptes courants de leurs clients. Si tel était le cas, on peut s'attendre à une forte augmentation de la détention de pièces et billets (« *Taux d'intérêt négatifs : le casse-tête du cash* »).

Dessine-moi une crise de change

L'été 2018 aura été meurtrier sur le marché des changes. Ainsi, à une forte dévaluation de sa monnaie nationale, le bolivar, face au dollar américain : alors qu'un dollar valait 285 000 bolivars, il s'échange désormais officiellement contre 6 millions de bolivars. Quelques jours plus tôt, le 10 août, un autre évènement défrayait la chronique : la livre turque perdait en l'espace d'une journée 16 % face au dollar, la chute atteignant 40 % depuis le début de l'année. Maduro et Erdogan auront beau jeu de dénoncer, derrière cet effondrement de leur monnaie nationale, un complot politique fomenté par les États-Unis. Mais en réalité le cours d'une devise obéit d'abord à des facteurs économiques qui sont d'une implacable logique.

Si l'on prend le cas du Venezuela, la forte dévaluation du bolivar face au dollar s'explique par le mécanisme bien connu de « la parité des pouvoirs d'achat ». Supposons qu'un café pris en terrasse à Caracas valait 1 dollar pour un client américain avant l'hyperinflation au Venezuela ; il n'y a pas de raison pour que le même café valle plus cher en dollars après. Si son prix en monnaie locale flambe, le taux de change du bolivar face au dollar va se déprécier au rythme de l'hyperinflation, pour que le café continue de coûter demain 1 dollar. Dans un pays en proie à l'inflation, le taux de change évolue tout simplement en sens inverse de la hausse des prix : plus l'inflation est forte, plus la monnaie locale se déprécie.

Si l'on considère à présent le cas de la Turquie, l'explication est différente mais n'en reste pas moins économique : la politique conduite par Erdogan est tout simplement insoutenable à long terme. Elle repose en effet sur une croissance inflationniste – 16 % par an – et financée par un endettement externe massif. En clair, la Turquie vit au-dessus de ses moyens et emprunte sur les marchés internationaux pour doper sa croissance et financer ses importations. Mais un jour ou l'autre, les investisseurs étrangers qui ont prêté à la Turquie finissent par douter et perdent confiance ; en un clic de souris, les capitaux vont alors quitter le pays pour aller voir ailleurs : la vente massive de livres contre du dollar américain ou de l'euro fera logiquement chuter le cours de la livre.

Ce sont donc des déséquilibres économiques fondamentaux et l'anticipation de leur insoutenabilité qui expliquent l'effondrement d'une monnaie sur le marché des changes et non un quelconque « complot politique ». Il est vrai toutefois qu'il est difficile, pour ne pas dire impossible, de prévoir la date d'une crise de change : elle intervient souvent à la suite d'un évènement conjoncturel, qui crée de la défiance chez les investisseurs. La psychologie, l'humeur des marchés, les anticipations auto-réalisatrices feront le reste. Dans le cas de la Turquie, les tensions politiques avec les États-Unis, l'annonce par Donald Trump d'une augmentation des taxes douanières, la nomination d'un nouveau ministre de l'Économie inexpérimenté en Turquie ont mis le feu aux poudres. Mais les symptômes d'une crise de change ne doivent pas être pris pour sa cause, même s'ils fournissent un parfait alibi… pour les décideurs politiques, en Turquie comme au Venezuela.

Chronique publiée dans L'Opinion le 21 août 2018, à la suite de la forte dévaluation de la monnaie du Venezuela, le bolivar, face au dollar américain.

Euro : touche pas à ma monnaie (unique)

À l'heure où la tentation du repli nationaliste gagne du terrain en Europe, il n'est pas inutile de revenir sur le lancement de l'euro, qui a fêté ses 20 ans d'existence. Une monnaie qui rassemble 19 pays d'Europe et est utilisée quotidiennement par 337 millions de citoyens.

Force est de constater que l'euro, pourtant décrié lors de la mise en circulation des pièces et billets en 2002, est aujourd'hui accepté par la population. Selon un sondage de la Commission, 64 % des citoyens de la zone euro considèrent la monnaie unique comme une « bonne chose ». Certes, l'adhésion est plus ou moins forte selon les pays : ils sont 76 % à le plébisciter en Autriche, contre 59 % seulement en France. Mais il n'en reste pas moins que les partisans de l'euro sont majoritaires dans tous les pays et que les discours populistes sur la « sortie de l'euro », la souveraineté monétaire retrouvée ou les vertus de la « dévaluation compétitive » ne font plus vraiment recette : ainsi, en France, la candidate du Front National, Marine Le Pen, a dû faire marche arrière sur ce thème lors de la campagne présidentielle de 2017, face au scepticisme de son électorat.

Autre succès symbolique de l'euro : la BCE s'est imposée comme une institution crédible, au point que les critiques sur son statut ne parviennent pas à prospérer. Ainsi, lorsque l'Allemagne s'est lancée en avril 2016 dans une attaque en règle contre la politique monétaire supposée « laxiste » de Mario Draghi, elle a reçu une réponse cinglante de ce dernier, qui a clos rapidement le débat : « Nous obéissons à la loi, pas aux politiques, parce que nous sommes indépendants ». Bref, l'euro et la Banque centrale européenne ont réussi jusqu'ici à échapper au rôle de « bouc émissaire » que les décideurs politiques aimeraient parfois leur faire endosser ; bien au contraire, ils sont aujourd'hui plutôt perçus comme un bien commun, une valeur sûre, un îlot de stabilité et de vision à long terme, dans un monde économique et politique imprévisible.

Cette adhésion majoritaire de la population à l'euro ne vient pas de nulle part : elle s'est construite au fil du temps, preuves à l'appui. Tout d'abord, au cours de ses 20 ans d'existence, la zone euro a toujours été synonyme de stabilité des prix, avec une inflation contenue à moins de 2 %. Plus encore, la zone euro a démontré sa capacité de résistance et d'adaptation, à la suite de la crise de 2008 : création du Fonds européen de stabilité financière (FESF) en 2010, qui a permis à des États en difficulté comme la Grèce de continuer à emprunter au taux du marché ; adoption d'une politique monétaire dite « non conventionnelle » après 2015, consistant à acheter massivement de la dette publique et privée, pour prévenir tout risque de déflation ; mise en route de l'Union Bancaire, chargée d'assurer la stabilité du secteur bancaire dans la zone euro, grâce notamment à un mécanisme de supervision unique.

Pour autant, si une majorité d'Européens adhère aujourd'hui à la monnaie unique, il n'est pas certain qu'ils soient disposés à passer à l'étape suivante et ultime, aussi nécessaire soit-elle pour la stabilité de la zone euro : la mise en place d'un véritable budget européen. Espérons qu'après l'Union monétaire et l'Union bancaire, les 20 prochaines années soient celles de l'Union budgétaire.

Chronique publiée dans L'Opinion le 8 janvier 2019, suite aux 20 ans de l'euro.

Précieuse indépendance des Banques centrales

Donald Trump a décidément un talent inégalé pour remettre en cause les institutions économiques qui permettent à notre monde turbulent de connaître un peu de stabilité : après avoir enterré le multilatéralisme de l'OMC, le voilà qui s'attaque désormais à la Réserve fédérale américaine, reprochant à son président sa trop grande indépendance.

L'indépendance de la Fed, tout comme celle de la BCE, n'a rien d'anecdotique : elle est au fondement même de la stabilité des prix que connaissent les pays développés depuis près de quarante ans. Elle prend appui sur des principes économiques bien établis.

Premier principe : il existe une relation stable entre croissance de la masse monétaire et taux d'inflation ; une progression trop rapide de la masse monétaire, c'est-à-dire supérieure à la croissance économique anticipée, conduira tout ou tard à un dérapage des prix.

Second principe : au-delà d'un taux d'inflation raisonnable – généralement fixé autour de 2 % – une inflation trop forte est néfaste pour l'économie, en faussant les décisions d'investissement et d'épargne. Pour s'en convaincre, il suffit de regarder ce qui se passe dans des pays en proie à l'hyperinflation, comme le Venezuela : toute prévision économique y est devenue littéralement impossible.

Troisième principe : la politique monétaire peut certes stimuler à court terme l'activité, mais cet effet ne dure jamais très longtemps. A la fin, il reste surtout de l'inflation.

Dernier principe : les hommes politiques ont une préférence pour les décisions qui donnent des résultats à court terme, même si elles produisent des effets indésirables à long terme. En matière de politique monétaire, cela signifie qu'ils ont la tentation de doper l'économie en maintenant des taux d'intérêt faibles, quitte à alimenter demain un regain d'inflation. Le temps politique n'est pas celui de la politique monétaire, qui vise le long terme. Voilà tout l'enjeu de la bataille médiatique actuelle entre Donald Trump et Jerome Powell.

Pour éviter que les décideurs politiques ne jouent avec la politique monétaire, il faut donc couper le cordon entre eux et le banquier central : c'est le principe même de l'indépendance des banques centrales. Comment faire ? Tout d'abord, le banquier central doit être inamovible et nommé pour une période assez longue, qui ne corresponde pas aux échéances électorales, avec un mandat non renouvelable. De plus, sa conduite doit obéir à une ligne pré-établie : en Europe, son principal objectif, en dehors des périodes de crise financière, est d'atteindre une cible d'inflation inférieure à 2 %. Aux États-Unis, la cible est certes plus large (stabilité des prix et recherche du plein-emploi) mais elle n'en reste pas moins circonscrite.

La crédibilité du banquier central provient du fait qu'il ne peut faire autre chose que ce pour quoi il a été nommé : il a les mains liées par son mandat. Enfin et surtout, il doit justifier ses décisions auprès des acteurs économiques – en expliquant par exemple pourquoi il baisse ou relève les taux d'intérêt. Bref, un banquier central indépendant doit toujours dire ce qu'il fait et faire ce qu'il dit. C'est un peu l'inverse… de nos décideurs politiques. Et c'est pour cela que ça marche.

Chronique publiée dans L'Opinion le 28 décembre 2018, à la suite des déclarations du Président Trump à l'encontre de l'indépendance de la FED.

Longue vie aux taux bas !

Décidément, l'actualité n'en finit plus de démentir les lois économiques les plus établies : après la remise en cause de la courbe de Phillips, voilà que la mécanique des taux d'intérêt est à son tour questionnée.

Rappelons en effet qu'en économie, tout emprunt est normalement rémunéré par un taux d'intérêt positif, lequel correspond au prix du temps et au risque de défaut de l'emprunteur. Ce taux d'intérêt a même tendance à augmenter avec la durée de l'emprunt. Mais ce principe se trouve aujourd'hui démenti par les faits : ainsi, la France a vu, pour la première fois de son histoire, son taux obligataire à 10 ans passer le 18 juin 2019 en dessous de… zéro. D'autres pays comme l'Allemagne sont devenus des habitués des emprunts à taux négatifs. C'est le monde à l'envers : désormais, ce sont les prêteurs qui rémunèrent les emprunteurs !

Pour expliquer ce phénomène, les analystes mobilisent deux facteurs conjoncturels. En premier lieu, les tensions géopolitiques entre les Etats-Unis et l'Iran alimentent un réflexe classique chez les investisseurs, consistant à diriger leur épargne vers des valeurs « refuges », au premier rang desquelles les obligations souveraines. Ainsi, le Bund à 10 ans a franchi une nouvelle frontière, en atteignant le 25 juin 2019 le taux négatif record de – 0,33 %. En second lieu, il est usuel que les taux longs diminuent lorsque les marchés anticipent une baisse des taux courts, fixés par les banques centrales : les annonces de la FED et de la BCE sur une possible baisse de leurs taux directeurs ont contribué à la détente des taux longs.

Mais ces arguments conjoncturels n'expliquent pas pourquoi les taux à long terme sont structurellement bas depuis de nombreuses années. L'une des raisons est à rechercher du côté de… l'évolution démographique dans les pays riches, marquée par le vieillissement de la population. Un seul indicateur pour s'en convaincre : l'espérance de vie, qui était en 2015 proche de 85 ans dépassera d'ici la fin du siècle les 90 ans. Les personnes âgées vont donc représenter une proportion croissante de la population totale et cela aura nécessairement un impact sur les taux à long terme, si l'on en croit une étude de la Banque de France[46].

Pour comprendre le mécanisme à l'œuvre, un bref détour par la « théorie du cycle de vie » s'impose. Lorsqu'ils sont jeunes, les individus empruntent, par exemple pour financer leurs études ou l'achat d'un logement. A l'âge adulte, ils remboursent leurs dettes puis se mettent à épargner, en prévision de leurs vieux jours. S'ils anticipent un allongement de leur durée de vie et prévoient qu'ils passeront plus de temps à la retraite, ils vont épargner davantage durant leur vie active. Ce surcroît d'épargne va se déverser sur les marchés financiers ; la loi de l'offre et de la demande va alors jouer son rôle : si l'offre d'épargne est supérieure à la demande d'investissement, la rémunération de l'épargne, représentée par le taux d'intérêt à long terme, doit diminuer.

Cette approche par la démographie permet d'expliquer, selon les modèles, entre 45 % et 75 % de la baisse des taux longs au cours de la période 1980/2015. Selon les simulations de la Banque de France, le surcroît d'épargne résultant du vieillissement de la population devrait conduire au maintien de taux bas à long terme jusqu'en… 2100. Bienvenue dans le monde de demain !

Chronique publiée dans L'Opinion le 26 juin 2019, dans un contexte de taux d'intérêt à long terme négatifs.

46 N. Lisa, R. Sajedi, G. Thwaites (2019) « Les impacts macroéconomiques du vieillissement de la population », *Document de travail de la Banque de France*, n° 745, 53 p

Taux d'intérêt négatifs : le casse-tête du cash

Lorsque le risque de récession grandit, un instrument efficace consiste à assouplir la politique monétaire pour relancer l'économie. Les récessions passées ont toutefois démontré qu'une baisse de 3 à 6 % des taux directeurs était nécessaire pour espérer avoir un effet marqué sur l'activité.

Le problème est que dans la plupart des pays, les taux directeurs sont déjà proches de… zéro : seuls le Mexique, l'Islande et la Turquie disposent d'une marge de manœuvre suffisante pour abaisser les taux dans une telle proportion, sans se retrouver en territoire négatif.

En pratique, les banques commerciales répercuteront ces taux négatifs sur les comptes courants de leurs clients. Dit en d'autres termes, avec des taux à – 4 %, les 1 000 euros que vous détenez sur votre compte bancaire ne vaudront plus que 960 euros quand vous déciderez de les utiliser dans un an. Cette taxation des comptes courants vous incitera à dépenser, pour éviter la dépréciation de vos avoirs bancaires, ce qui soutiendra la consommation.

Mais en réalité les choses sont plus complexes. En premier lieu, les ménages peuvent compenser la dépréciation de leur épargne liquide en épargnant plus : si votre objectif est de disposer dans un an de 1 000 euros et que votre compte courant est taxé à hauteur de 4 %, vous allez épargner 1 041 euros. En second lieu, les ménages peuvent réagir en augmentant leur détention de cash puisqu'un billet de 200 euros vaudra toujours nominalement 200 euros dans un an.

On peut donc s'attendre à une forte augmentation de la détention de pièces et billets, si les taux deviennent fortement négatifs. Cet arbitrage en faveur du cash viendra contrecarrer l'efficacité d'une politique de taux négatif. Si les banques centrales veulent retrouver une marge de manœuvre, elles doivent alors limiter l'usage de monnaie fiduciaire. Un casse-tête dans la mesure où les billets et pièces occupent une place encore importante : à l'exception des pays nordiques, le cash en circulation représente encore 10 % du PIB dans l'Union européenne.

Une première option consiste à restreindre la quantité de cash en circulation, comme l'a fait l'Inde en 2016 avec une démonétisation de 86 % des billets. Cette option est explosive : elle suscitera la révolte, notamment chez ceux qui ont recours à l'économie souterraine.

Une seconde option, proposée par deux chercheurs du FMI[47], consiste à taxer le cash comme les dépôts bancaires. La base monétaire serait divisée en deux monnaies distinctes : les espèces et la monnaie électronique. Un taux de change s'instaurerait entre les deux monnaies : avec un taux négatif de 4 % sur les dépôts, le prix d'un bien serait de 96 euros si vous payez en monnaie électronique ou de 100 euros si vous payez en cash.

Une troisième option a été suggérée en 2009 par Greg Mankiw[48], professeur à Harvard : tirer au sort chaque année un numéro entre 0 et 9 ; tous les billets terminant par le numéro tiré n'auraient plus cours légal, ce qui revient à fixer un taux négatif sur la monnaie scripturale de – 10 %. Dans ce monde nouveau sans inflation, il va falloir beaucoup d'imagination pour redonner demain du pouvoir à la politique monétaire.

Chronique publiée dans L'Opinion le 17 septembre 2019, dans un contexte de taux d'intérêt négatifs.

---

47 K. Assenmacher, S. Krogstrup (2018) "Monetary Policy with Negative Interest Rates: Decoupling Cash from Electronic Money", IMF Working paper n° 18/191, 31 p.

48 G. Mankiw (2009), "It May Be Time for the Fed to Go Negative," *New York Times*, 18 avril 2009

Chapitre 14

Les vertus de la concurrence (régulée)

La concurrence constitue un ingrédient essentiel de la croissance économique. Elle permet notamment de s'assurer que les prix sont toujours à leur juste niveau. À l'inverse, le manque de concurrence sur un marché se paie souvent au prix fort. L'exemple des pièces détachées automobiles en France constitue à cet égard un cas d'école : le monopole dont disposent les constructeurs automobiles sur les pièces de rechange conduit à des prix élevés. Si la France introduisait une « clause de réparation » permettant une plus large production de ces pièces, on pourrait s'attendre à de significatives baisses de prix (« *Pièces détachées auto : plein phare sur la concurrence* »). Cette réforme a vu le jour en Août 2021, 9 ans après les premières recommandations de libéralisation du secteur des pièces détachées, ce qui démontre toute la difficulté de mener des politiques de libéralisation sectorielle (« *Difficiles réformes concurrentielles* »).

La concurrence ne s'entretient pas d'elle-même sur un marché : elle a besoin d'un cadre – le fameux « same level playing field » – et d'un arbitre, la politique de concurrence, qui sort le carton rouge lorsque les entreprises se livrent à des pratiques anti-concurrentielles. Tous les secteurs de l'économie sont soumis à ces règles. Dans le cas du numérique, si la position dominante des GAFAM n'est pas contestée en tant que telle, ces géants ne doivent toutefois pas se livrer à des comportements d'abus d'éviction ou d'exploitation (« *Numérique : ne pas abuser de sa position dominante* »). Au-delà de son action répressive, la politique de concurrence vise aussi à contrôler de manière préventive les projets de fusions-acquisitions. En effet, si une fusion permet de baisser les coûts, elle peut aussi avoir pour effet de réduire l'intensité concurrentielle sur le marché, conduisant à des hausses de prix et à une diminution de l'incitation à innover (« *Fusions-acquisitions : le gendarme de la concurrence veille* »).

Le maintien d'une forte concurrence en Europe au travers de la politique de concurrence est parfois présenté comme un obstacle à une politique de « champions européens ». En réalité, politique de concurrence et politique industrielle se complètent. Il serait dangereux de mener une politique industrielle sans concurrence, en désignant à l'avance un « champion » (« *La concurrence, alliée de la politique industrielle* »).

À cet égard, on constate que les États-Unis paient aujourd'hui le prix fort de leur mise en sommeil de leur politique antitrust : concentration excessive des marchés, prix trop élevés, salaires trop faibles, une innovation bridée. Dès son arrivée au pouvoir en 2021, Joe Biden a sonné la mobilisation générale, dans le but de « renverser cette dangereuse tendance » (« *États-Unis : concurrence, le grand retour* »).

Pièces détachées auto : plein phare sur la concurrence

Alors que le grand débat national prend fin, l'heure est désormais aux décisions politiques : parmi les revendications exprimées par les Français figurent des thèmes structurants comme la transition écologique, la fiscalité ou l'organisation des services publics. Nulle trace à l'horizon d'un sujet qui fût pourtant à l'origine même du mouvement des Gilets jaunes : le pouvoir d'achat. Il serait toutefois périlleux de l'ignorer, au motif qu'il ne ressort pas expressément de la consultation en ligne. L'exécutif l'a d'ailleurs bien compris : sans même attendre la fin du grand débat, il a annoncé plusieurs réformes sectorielles visant à redonner du pouvoir d'achat aux Français. Syndic de copropriété, permis de conduire et… pièces détachées automobile sont à l'agenda.

Dans le cas de l'automobile, le sujet porte sur les pièces détachées dites « visibles », telles qu'un rétroviseur ou des phares : ces pièces sont protégées au titre du droit des dessins et modèles, ce qui signifie que seul le constructeur peut les fabriquer (ou les faire fabriquer, en sous-traitance). Cette situation de monopole est justifiée dans le cas d'une « première monte », sur un véhicule neuf : elle est la juste contrepartie de l'effort d'innovation fourni par le constructeur. Mais le monopole apparaît plus discutable lorsqu'il s'agit de l'entretien et de la réparation d'un véhicule : en France, dans 70 % des cas, lorsqu'un garagiste doit changer un rétroviseur, il est tenu d'acheter la pièce auprès du constructeur.

Certains pays comme l'Allemagne, dont l'industrie automobile est pourtant florissante, ont fait le choix d'autoriser la « clause de réparation », qui permet aux équipementiers de vendre leurs propres pièces de rechange visibles. La concurrence introduite par cette clause a conduit en Allemagne à une modération des prix : à titre de comparaison, le prix des pièces détachées a augmenté quatre fois plus vite en France qu'outre Rhin sur la période 1998/2010. Si la France introduisait demain une « clause de réparation », on pourrait donc s'attendre à de significatives baisses de prix sur les pièces détachées et, par voie de conséquence, sur les polices d'assurance auto. Selon une estimation d'UFC Que-choisir, le gain de pouvoir d'achat serait de 415 millions d'euros.

Les opposants à la réforme objecteront qu'il ne s'agit que d'une simple redistribution de richesse, en faveur des consommateurs et au détriment des constructeurs automobiles français et de l'emploi. En réalité, comme l'avait montré l'Autorité de la concurrence en 2012, 60 à 70 % des pièces visibles de rechange sont déjà fabriquées en sous-traitance par des équipementiers français comme Valeo ou Faurecia, pour le compte des constructeurs. Les éventuelles pertes de part de marché subies par ces derniers devraient donc se faire principalement au profit des équipementiers français, avec un effet relativement neutre sur le volume de l'emploi.

Moralité : si la concurrence ne constitue pas l'alpha et l'omega de toute politique économique, elle a le mérite de redonner du pouvoir d'achat, sans pénaliser l'emploi ni grever les finances publiques. Il serait dommage de s'en priver.

Chronique publiée dans L'Opinion le 19 mars 2019, dans un contexte de grand débat national sur les priorités des Français, à la suite de la crise des Gilets Jaunes.

Difficiles réformes concurrentielles

Le Conseil constitutionnel a validé l'ouverture à la concurrence des pièces détachées automobiles visibles à partir du 1er janvier 2023, disposition prévue par la loi Climat et résilience. Ce sujet constituait un véritable serpent de mer sur lequel l'Autorité de la concurrence avait attiré l'attention des pouvoirs publics… dès 2012. Il aura donc fallu attendre pas moins de 9 ans pour qu'une telle réforme voit le jour. Ce décalage temporel n'a en réalité rien de surprenant : il illustre la difficulté de mener des réformes pro-concurrentielles.

Pour s'en convaincre, il suffit de se pencher sur les 20 dernières années en France : à l'exception des réformes concurrentielles impulsées par l'Europe, celles menées au niveau interne se comptent sur les doigts de la main. Mentionnons la période 2007-2008, avec le trio Chatel-Lagarde-Novelli à Bercy qui a fait bouger les lignes sur la portabilité du numéro de téléphone mobile, la libéralisation de l'urbanisme commercial ou bien encore la création du régime des VTC. De même, en 2015, ce sera le moment Macron avec notamment la libéralisation du transport par autocar et la réforme des professions du droit. Depuis, plus rien ou presque.

Une telle timidité s'explique assez bien en termes d'économie politique : toute réforme en faveur de la concurrence entraîne des effets redistributifs, en faisant des gagnants et des perdants, même si l'impact global sur la collectivité est largement positif.

Du côté des gagnants, on trouve les nouveaux entrants, qui ne sont pas encore très visibles médiatiquement ; on trouve aussi les consommateurs, qui n'ont pas conscience du montant total des gains de pouvoir d'achat et d'amélioration de la qualité résultant d'un renforcement de la concurrence, dans la mesure où ces gains sont répartis sur des millions de clients. De surcroît, les consommateurs ne constituent pas un groupe organisé, capable de peser dans la décision publique, justement parce qu'ils sont trop nombreux.

Du côté des perdants, on trouve les opérateurs installés qui vont voir leur rémunération diminuer. Ils vont invoquer le spectre tangible de licenciements, avec ses conséquences sociales dramatiques au niveau local. Leur poids et leur influence sont marqués, dans la mesure où ils sont déjà sur le marché et connus de tous. Ils disposent également d'une connaissance plus fine des rouages de la décision politique et sont rompus au lobbying auprès des pouvoirs publics. Lorsqu'ils sont peu nombreux, ils sont en mesure d'organiser une action collective efficace : le « paradoxe d'Olson » nous rappelle que les groupes de petite taille se mobilisent plus facilement que les grands.

Cette asymétrie entre la voix des gagnants et celle des perdants constitue le principal obstacle politique à toute réforme concurrentielle. Pour le surmonter, il est donc nécessaire de communiquer largement sur les gains de ces réformes pour l'ensemble de la collectivité, au-delà des intérêts catégoriels. Ainsi, en est-il par exemple de la réforme du permis de conduire : renforcer la concurrence ne permettra pas seulement de faire baisser le prix du permis ; cela permettra surtout de diminuer les délais d'attente pour passer l'examen pratique et de faciliter ainsi l'accès des jeunes… au marché du travail. Ils sont aujourd'hui, crise sanitaire oblige, plus de 300 000 à attendre le précieux sésame.

Chronique publiée dans L'Opinion le 31 Août 2021, à la suite de l'annonce d'une libéralisation du secteur des pièces détachées automobiles de rechange.

Numérique : ne pas abuser de sa position dominante

L'économie numérique s'apparente à une compétition sportive : si les prétendants au titre sont nombreux au départ, seuls quelques acteurs – voir un seul – franchissent la ligne d'arrivée et raflent la mise. Numérique rime bien souvent avec concentration du marché et marges confortables pour les gagnants. Cette situation n'est pas en elle-même problématique : après tout, le gagnant d'une course a triomphé parce qu'il offrait de meilleurs produits et services que ses concurrents ; il est donc logique qu'il puisse en retirer tous les fruits. Mais le fait d'avoir gagné une course ne donne pas tous les droits.

Tout d'abord, une entreprise dominante se voit conférer une responsabilité particulière : celle de ne pas abuser de sa position. Une première catégorie d'abus de position dominante consiste à décourager l'entrée ou le développement de concurrents : on parle « d'abus d'éviction ». Ainsi, Google, en position dominante sur les moteurs de recherche, a été condamné par la Commission européenne en juin 2017 pour avoir rétrogradé les services de comparaison de prix en ligne de ses concurrents, au profit de son propre service Google Shopping, lorsqu'un internaute effectuait une recherche.

Une seconde catégorie d'abus, plus rare, consiste à tirer parti de sa position dominante vis-à-vis de ses propres clients : on parle alors d'« abus d'exploitation ». Par exemple, une plateforme peut être tentée de discriminer ses clients, en leur appliquant des conditions commerciales différentes, sans aucune justification objective. Ainsi, en février 2019, l'Autorité de la concurrence a prononcé des mesures d'urgence à l'encontre de Google, exigeant qu'elle clarifie les conditions de suspension des comptes de son service de publicité

Google. De même, une plateforme ne peut exploiter les données de ses utilisateurs sans leur communiquer clairement les règles : en février 2019, le gendarme allemand de la concurrence a enjoint à Facebook, en position dominante sur les réseaux sociaux, d'obtenir le consentement explicite de ses membres, avant de pouvoir combiner entre elles les données collectées sur Whatsapp et Instagram, filiales de Facebook.

Au-delà de l'abus de position dominante, une plateforme numérique ne peut décourager le développement de nouveaux venus, par exemple en interdisant à ses clients de proposer des prix inférieurs sur d'autres plateformes concurrentes. Cette clause dite de « parité de prix élargie » rend plus difficile le développement d'une offre alternative : en effet, pour attirer les premiers clients, un nouvel entrant n'a souvent d'autre choix que de proposer un prix inférieur à celui affiché sur la plateforme dominante. Des clauses de ce type ont ainsi été observées dans la réservation hôtelière en ligne ou la distribution de livres électroniques, conduisant les autorités de concurrence à ouvrir des enquêtes. Les entreprises en question – Booking, Apple ou Amazon – se sont engagées à les supprimer.

En matière d'économie numérique, la politique antitrust a aujourd'hui un rôle essentiel à jouer : permettre à la compétition de rester toujours ouverte, en dépit des positions dominantes acquises par certains géants. L'Europe aurait bien tort de se priver de ce précieux instrument : toute compétition, sportive ou non, a toujours besoin d'un arbitre.

Chronique publiée dans L'Opinion le 6 juin 2019, dans un contexte de débat européen sur la régulation des géants du numérique.

Fusions-acquisitions : le gendarme de la concurrence veille

Un an après l'interdiction de son mariage avec Siemens, Alstom repart à l'offensive, en annonçant son intention de racheter le canadien Bombardier. L'opération, qui donnera naissance à un géant du ferroviaire, passera logiquement sous la loupe de la Commission européenne : compte tenu du chiffre d'affaires des deux parties – plus de 15 milliards d'euros au total – et de leur présence en Europe, pas de mariage possible sans le feu vert de la DG Comp. Sans préjuger de l'issue de ce dossier, il n'est pas inutile de rappeler pourquoi les autorités de concurrence contrôlent les projets de fusions-acquisitions.

Rappelons tout d'abord que le contrôle n'a rien de spécifique à l'Europe : plus d'une centaine de pays le pratique dans le monde, conduisant d'ailleurs les grandes entreprises à notifier leur projet dans plusieurs juridictions.

Pourquoi contrôler les fusions ? Tout simplement parce qu'une fusion-acquisition a potentiellement deux effets économiques contraires sur un marché.

Un premier effet est plutôt positif : une fusion permet de baisser les coûts, par exemple en générant des économies d'échelle, des complémentarités technologiques, en éliminant les doubles marges ou en rationalisant les capacités de production. L'argument des synergies est d'ailleurs mis en exergue par les futurs mariés pour justifier le bien-fondé de leur projet aux yeux des marchés financiers : c'est la fameuse règle du « 1 + 1 = 3 ». Dit en d'autres termes, la fusion va créer de la valeur pour l'actionnaire. Elle peut également profiter directement aux clients, si les gains d'efficacité se traduisent par des baisses de prix en aval ou par une augmentation de la capacité à innover.

Mais une fusion peut aussi avoir un second effet sur le marché, celui de réduire l'intensité concurrentielle. Sur un marché concentré, avec de fortes barrières à l'entrée et sans contre-pouvoir des clients, le mariage de deux entreprises risque de conduire à des hausses de prix. Tel a été l'argument de la Commission pour imposer son veto au rachat d'Alstom par Siemens : sur le marché de la grande vitesse et de la signalisation ferroviaire, la nouvelle entité se serait retrouvée dominante en Europe, faisant craindre des augmentations de prix, au détriment des opérateurs ferroviaires et des passagers. Les parties avaient rétorqué que ce scénario était erroné car il ne tenait pas compte de la concurrence possible et probable d'un nouvel acteur venu de Chine, le géant CRRC.

Outre son impact sur les prix, une fusion peut aussi diminuer l'incitation à innover. Ainsi, lors de la fusion entre Dow et Dupont en 2017, la Commission a estimé que l'opération conduirait les deux entreprises, en concurrence frontale sur plusieurs projets de recherche-développement dans les pesticides, à ralentir le rythme de l'innovation. Pour dissiper ces craintes, la solution retenue a été radicale : DuPont a accepté de céder la totalité de sa R&D à un concurrent.

Compte tenu de cette ambivalence, la tâche des autorités de concurrence s'avère particulièrement délicate, et ce d'autant que l'exercice est par nature prospectif : il s'agit d'apprécier l'atteinte à la concurrence et l'ampleur des gains d'efficacité projetés, alors même que l'opération n'a pas encore eu lieu. L'issue du contrôle dépendra donc de la vraisemblance d'un scénario par rapport à un autre, tout comme de l'ampleur et… de la temporalité des effets invoqués : plus les gains d'efficacité sont lointains, moins ils sont pris en compte dans l'analyse. Autant dire que le projet de rachat de Bombardier par Alstom va donner lieu à une bataille d'arguments et de scénarios, à la mesure de l'ampleur de l'opération.

Chronique publiée dans L'Opinion le 18 février 2020, à la suite de l'annonce d'un projet de rachat de l'entreprise canadienne Bombardier par Alstom.

La concurrence, alliée de la politique industrielle

La crise du Covid-19 aura eu au moins une vertu, celle d'accélérer les débats en Europe sur des sujets essentiels comme la politique industrielle : il s'agit d'un véritable serpent de mer, débattu en France depuis le rapport Beffa-Crome en 2013 et remis à l'honneur en 2019 par Bruno Le Maire et Peter Altmaier, à la suite de l'interdiction de la fusion entre Siemens et Alstom. Mais peu de choses concrètes ont vu véritablement le jour jusqu'ici, si ce n'est le lancement de « l'Airbus des batteries » et du plan Nano. La crise du Covid-19 pourrait toutefois conduire l'Europe, au-delà du soutien massif aux entreprises en difficultés, à franchir demain un pas décisif.

Il ne faudrait toutefois pas considérer, comme on l'entend trop souvent en France, que cette politique industrielle doit se construire aux dépens de la politique de concurrence.

Rappelons tout d'abord que la politique de concurrence est, à sa manière, une forme minimaliste de politique industrielle. Par exemple, en luttant contre les cartels, la politique antitrust met fin à des pratiques qui portent le plus souvent sur des produits intermédiaires, ce qui pénalise la compétitivité d'autres entreprises. De même, lorsque les autorités de concurrence s'attaquent aux abus de position dominante de géants comme Google ou Qualcomm, elles évitent que des concurrents prometteurs ne soient exclus du marché.

Mais surtout, la concurrence et la politique de concurrence sont des outils essentiels pour assurer la réussite d'une politique industrielle volontariste. Ainsi, à la suite de la crise du Covid-19, l'Europe va sans doute vouloir retrouver une certaine « souveraineté économique » :

l'enjeu sera alors de reconstituer des avantages comparatifs dans des secteurs où nous sommes aujourd'hui trop dépendants des importations, à l'image de l'industrie du médicament.

En pratique, cette politique industrielle consistera à cibler des secteurs jugés « stratégiques » et à les protéger du reste du monde pour leur permettre de rattraper leurs concurrents non européens. Cette politique ne peut toutefois réussir que si l'on maintient une forte concurrence à l'intérieur du marché européen, pour stimuler l'innovation et l'efficacité économique. Il serait dangereux de désigner à l'avance un « champion », en lui octroyant d'emblée un monopole. Le monopole temporaire doit être le résultat d'une compétition féroce entre entreprises et non une rente octroyée dès le départ.

Pour s'en convaincre, on peut se tourner vers le Japon et sa politique industrielle volontariste, mise en œuvre durant les années 1960/70 : des secteurs comme l'automobile ou les produits électroniques avaient été désignés comme prioritaires pour préparer l'avenir. Pour atteindre cet objectif, le gouvernement japonais, aidé du puissant MITI, avait fermé le marché domestique, tout en misant sur une forte concurrence interne entre les entreprises… japonaises.

Dans l'automobile par exemple, ce sont pas moins de huit constructeurs qui s'affrontent depuis cinquante ans au Japon, avec le succès technologique et commercial que l'on connaît. Une certaine dose de protectionnisme vis-à-vis du reste du monde n'est pas antinomique avec une forte concurrence interne. Politique industrielle et politique de concurrence se complètent en réalité assez bien.

Chronique publiée dans L'Opinion le 19 mai 2020, dans un contexte de débat intense sur la politique industrielle européenne.

États-Unis : concurrence, le grand retour

Le président des États-Unis a signé le 9 juillet 2021 un décret présidentiel majeur visant à « promouvoir la concurrence dans l'économie américaine ». Le texte décrit une Amérique en proie à une concentration excessive des marchés, au détriment des consommateurs, des start-up, des agriculteurs et des travailleurs. Il dénonce « l'inaction » des gouvernements depuis des décennies, dont l'économie américaine paierait aujourd'hui la lourde facture : des prix trop élevés, notamment en matière de médicaments, de transport aérien ou de services de télécommunication ; des salaires trop faibles pour les travailleurs qui se retrouvent face à des employeurs en position de monopsone ; une innovation bridée et des nouveaux entrants qui ne parviennent pas à se développer. Joe Biden sonne la mobilisation générale de toutes les administrations fédérales, dans le but de « renverser cette dangereuse tendance ».

Le travail de l'administration va donc être de remettre de la concurrence sur tous les marchés où la concentration apparaît excessive. Attention toutefois à ne pas considérer toute concentration comme problématique. Elle peut par exemple résulter du mérite supérieur de certaines entreprises : comme elles offrent des produits innovants, elles ont conquis des parts de marché au détriment de leurs concurrents moins efficaces. La concentration du marché est alors le fruit logique de la « concurrence par les mérites ». Autre exemple : la mondialisation peut conduire à la concentration d'un marché, lorsqu'une entreprise domestique tente de résister aux importations à bas prix en augmentant sa taille pour baisser ses coûts de production. C'est typiquement le cas de Wall Mart, dont la part de marché a augmenté aux États-Unis, tandis que ses profits… diminuaient. Dernier exemple : lorsqu'il y a de forts effets de réseau, des économies d'échelle ou d'expérience, les marchés vont naturellement tendre vers des configurations d'oligopole, voire de quasi-monopole.

À l'inverse, il y a des situations dans lesquelles la concentration apparaît excessive parce qu'elle est économiquement injustifiée. Par exemple, elle peut persister du fait de pratiques anti-concurrentielles, telles que des ententes ou des abus de position dominante. Le décret présidentiel évoque à cet égard l'insuffisante lutte contre les cartels, qui pénaliseraient l'économie américaine. De même, certaines pratiques des géants du numérique sont pointées du doigt, à l'image des acquisitions d'entreprises naissantes. La concentration peut aussi résulter de comportements de « recherche de rente », comme l'ont montré les travaux de Thomas Philippon[49] : les acteurs en place financent les campagnes électorales et font du lobbying, dans le but de faire adopter des règlementations qui restreignent l'entrée sur le marché. Ainsi, dans l'État de Pennsylvanie, pour offrir des services d'épilation en tant que « cosmétologue agréé », il faut aujourd'hui avoir suivi 1 250 heures de formation et passé un examen d'État !

Dans cette volonté de remettre de la concurrence dans toute l'économie américaine, l'administration Biden va devoir résoudre une équation subtile : lutter contre la « mauvaise » concentration, sans tomber dans le procès généralisé de toute concentration.

Chronique publiée dans L'Opinion le 13 juillet 2021, à la suite de l'annonce par le président Biden d'un projet de réformes pro-concurrentielles.

49 T. Philippon (2019) *The Great Reversal How America Gave Up on Free Markets*, Harvard University Press, 368 p.

Chapitre 15

Grandeur et misère de l'homo economicus

La science économique repose sur le postulat selon lequel les agents économiques sont des êtres rationnels, qui font des choix en mettant en balance les gains et les coûts. Ce postulat permet d'expliquer de nombreux comportements individuels qui peuvent paraitre de prime abord surprenants.

Ainsi en est-il de l'incitation à participer à un mouvement de grève. L'expérience montre que peu de personnes sont prêtes à manifester, même si elles ont de la sympathie pour la cause défendue. À vrai dire, il n'y a rien d'étonnant à ce décalage, si l'on en croit le célèbre « paradoxe d'Olson » : plus un groupe est nombreux, plus il sera difficile de le mobiliser, chaque individu se comportant en véritable « free rider » (« *Passivité rationnelle* »).

Le fait que les agents soient rationnels dans leur choix, en mettant en balance les gains et les coûts ne signifie pas qu'ils ne se trompent pas, en particulier s'ils sont victimes de biais cognitifs. Tel est le cas de l'incitation à se faire vacciner contre le Covid-19 : le biais de surconfiance peut conduire un individu à refuser la vaccination (« *Le vaccin, c'est pour les autres* »).

De même, les consommateurs qui ne sont pas satisfaits du service rendu par un opérateur devraient logiquement en changer. Pourtant, l'expérience concrète montre qu'ils ont une certaine forme de résistance au changement, qui peut s'expliquer notamment par un biais de « statu quo », consistant à remettre les décisions au lendemain (« *Consommateurs immobiles* »).

Dans des cas particuliers, il est toutefois difficile d'expliquer rationnellement le comportement d'un individu. Tel est le cas des jeux de hasard. Certains individus peuvent jouer à des jeux qui sont quasiment toujours perdants, alors même qu'ils pourraient investir cette somme dans un jeu avec une espérance de gain positive, à l'image de l'investissement boursier (« *Jouer pour perdre ou pour gagner ?* »).

De même, il est difficile d'expliquer par un comportement rationnel le fait que des individus se lancent dans des défis entrepreneuriaux hors norme, à l'image d'Elon Musk. Ces individus exceptionnels nous invitent à nous replonger dans l'œuvre magistrale de Joseph Schumpeter, qui met au centre de la dynamique du capitalisme un acteur atypique : « l'entrepreneur », qui est d'abord un « marginal », un « révolutionnaire de l'économie », qui pense hors du cadre et vient même heurter l'ordre social établi (« *L'entrepreneur, ce marginal* »).

Passivité rationnelle

En dépit de sa durée exceptionnelle – plus de 40 jours déjà – une partie non négligeable des Français continue à soutenir le mouvement de grève contre la réforme des retraites : au gré des sondages et questions posées, la « sympathie » vis-à-vis du mouvement oscille entre 40 % et 60 %. Cela représente 22 à 33 millions de Français, si l'on exclut les enfants de moins de 15 ans. Un chiffre assez considérable… mais qui contraste avec celui des manifestants qui battent effectivement le pavé : au plus fort de la mobilisation, ils étaient entre 600 000 et 800 000, soit au mieux 3,5 % des Français qui disent soutenir le mouvement.

À vrai dire, il n'y a rien d'étonnant à ce décalage, si l'on en croit le célèbre « paradoxe de l'action collective », énoncé dès 1965 par Mancur Olson : il ne suffit pas d'avoir de la sympathie pour une cause pour passer à l'action ; il est même probable que plus un groupe est nombreux, plus il sera difficile de le mobiliser. L'idée d'Olson est que chaque individu, avant de descendre dans la rue, se livre à un petit calcul coût/bénéfice : que m'apporte le fait de manifester ? Qu'est-ce que cela me coûte ?

Du côté des coûts, l'individu subit une perte de temps et éventuellement de revenu – s'il devait par exemple travailler le jour de la grève – sans même compter l'éventuel risque physique, si la manifestation venait à mal tourner. Du côté des gains, l'individu sait que si les revendications aboutissent, il n'aura pas pour autant plus de droits que ceux qui sont restés passifs. De plus, l'impact marginal de sa présence à la manifestation est proche de zéro : que l'on soit 600 000 à manifester ou 600 000 + moi ne changera rien à l'issue du conflit ! Si chaque manifestant potentiel fait le même raisonnement, personne n'a intérêt à descendre dans la rue, en dépit de son adhésion au mouvement, et l'action collective est vouée à l'échec : selon Olson, la passivité rationnelle va l'emporter, chacun préférant rester chez soi.

Mais le paradoxe d'Olson n'est pas complètement vérifié en pratique puisqu'il y a tout de même 600 000 à 800 000 Français qui ont défilé dans les rues. Comment expliquer leur comportement ?

Une première réponse est qu'ils en retirent une utilité sociale, même si elle n'est pas monétaire. Cette utilité résulte par exemple du plaisir d'exprimer de manière explicite – et non « en votant avec ses pieds » – son opinion, de rencontrer d'autres personnes qui partagent les mêmes convictions. L'expérience des Gilets jaunes a montré à quel point cette motivation extra-économique pouvait être forte au niveau local, notamment lors de l'occupation des ronds-points, qui revêtait aussi un caractère inclusif.

Une seconde réponse se situe plus dans la lignée des travaux d'Olson : certaines personnes retirent un gain privatif de l'action collective. On songe ici tout particulièrement aux leaders syndicaux, qui sont des salariés permanents de leur organisation et dont l'une des fonctions est de mobiliser. Leur capacité à mobiliser est d'autant plus grande que les troupes sont clairsemées, nous dit Olson. Tel est bien le cas en France, où le taux de syndicalisation – de l'ordre de 10 % – est le plus bas d'Europe. Pas étonnant dans ces conditions qu'à chaque manifestation, les syndicats parviennent à rassembler leurs adhérents : leur forte mobilisation n'est que le reflet de leur faible nombre.

Chronique publiée dans L'Opinion le 15 janvier 2020, alors que la France connaît un long mouvement de grève contre la réforme des retraites.

Le vaccin, c'est pour les autres

Si l'on en croit un sondage, 16 % des Français n'auraient pas « l'intention de se faire vacciner ». Les motivations d'un tel refus sont nombreuses et hétérogènes. Certaines personnes sont opposées par principe à toute mesure portée par Emmanuel Macron tandis que d'autres pointent du doigt le manque de recul sur les effets secondaires du vaccin. La catégorie socio-professionnelle et l'âge des personnes semblent également jouer un rôle déterminant. Dans ce faisceau de causes multiples, il est probable que les facteurs psychologiques et comportementaux entrent également en jeu.

Tout d'abord, il est possible que certaines personnes qui refusent de se faire vacciner soient victimes de biais psychologiques assez connus.

Premier biais, le biais de « surconfiance ». Bien connu en finance, il consiste à croire en sa bonne étoile et à surestimer sa capacité à faire face à un évènement indésirable. Dans le cas du Covid, l'individu va avoir tendance à considérer que le Covid, c'est pour les autres et qu'il pourra y échapper.

Second biais, le biais de « disponibilité ». Il consiste à ce qu'un individu considère un évènement rare comme étant inexistant. Ce biais s'applique assez bien à la lutte contre le Covid-19 : en dépit des nombreux décès du virus, peu de personnes – à l'exception des personnels soignants – sont en contact quotidien avec des malades atteintes gravement par le virus. Les individus vont donc considérer que la probabilité objective d'être gravement malade est égale à zéro.

Troisième biais : le biais de « statu quo ». Il consiste à remettre à demain ce qui pourrait être fait aujourd'hui. Nous avons tous une préférence pour l'instant présent et repoussons à demain les décisions désagréables. Ce biais explique tout particulièrement le comportement des indécis, qui ne sont pas opposés par principe à la vaccination, mais y voient une contrainte à court terme : prendre rendez-vous et se déplacer, courir le risque d'être fatigué durant quelques jours, etc. Le biais de statu quo conduit à procrastiner.

Au-delà de ces biais psychologiques, on peut trouver également chez certains individus, un comportement bien connu en économie de « free riding ». Il consiste à laisser les autres supporter l'effort, sans y participer soi-même. Ce comportement est parfaitement rationnel d'un point de vue strictement individuel : si tous les Français se font vacciner, la meilleure stratégie pour un individu est de ne pas le faire.

En effet, l'immunité collective sera atteinte, sans que l'individu ait besoin de se faire vacciner. Le problème de ce comportement est qu'il repose sur une hypothèse hasardeuse : celle selon laquelle tous les Français ne se comporteront pas également en *« free rider »*. Si tout le monde adopte le même comportement que notre individu rationnel, on arrive à la situation la pire : personne n'est vacciné puisque chacun compte sur l'effort des autres. La somme des rationalités individuelles conduit à un résultat inefficace. Cette situation est bien connue en théorie des jeux, avec le célèbre « dilemme du prisonnier » : les intérêts de chacun conduisent à la pire solution collective. Une manière d'en sortir est d'instaurer une forme de… coercition.

Chronique publiée dans L'Opinion le 28 juillet 2021, dans un contexte de débat sur l'obligation de vaccination.

Consommateurs immobiles

Comme chaque année, l'association de défense des consommateurs CLCV a publié son palmarès des tarifs bancaires, établi en fonction de la localisation du client, de son profil et du panier de services choisi. L'enquête met en relief de fortes disparités de prix entre banques, pour un même panier et profil. Ainsi, pour un « petit client » utilisant peu de services, le prix annuel d'un package bancaire oscillerait entre 41 euros et 108 euros selon l'établissement choisi.

Au-delà du cas particulier de la banque de détail, il est intéressant de s'interroger sur les origines d'une telle dispersion des prix, dans la mesure où elle paraît contre-intuitive. En effet, lorsque les produits sont assez similaires, la dispersion des prix ne peut perdurer dans le temps : les clients devraient arbitrer très vite en faveur des offres les moins onéreuses, conduisant à une uniformisation des prix. Ce mécanisme d'arbitrage devrait même être renforcé à l'heure d'Internet, avec le développement des comparateurs de prix. Mais en réalité, les choses sont plus complexes qu'il n'y parait.

Tout d'abord, comparer les prix et les offres n'est pas toujours gratuit et instantané : il existe encore des « coûts de recherche d'information » *(« search costs »)*. Supposons par exemple qu'un client veuille comparer le prix d'un paquet de lessive, vendu dans plusieurs magasins physiques qui ne sont pas localisés au même endroit. Il va devoir se déplacer et supporter un… coût de transport. Si ce coût est prohibitif, il renoncera à faire la comparaison et ira dans le magasin le plus proche de chez lui, ce qui donnera un pouvoir de marché local au vendeur.

Ensuite, même si l'information sur le produit est librement accessible, elle n'est pas toujours facile à comparer entre offreurs : le client va devoir prendre le temps d'analyser des grilles tarifaires parfois complexes ou composées de bouquets différents. Il peut d'ailleurs être dans l'intérêt des entreprises de complexifier leur offre ou leur grille tarifaire pour limiter les comparaisons et réduire ainsi l'intensité de la concurrence.

En troisième lieu, lorsque le client a l'intention de changer d'offreur, il risque de supporter des « coûts de transfert » monétaires, constitués par exemple de pénalités ou de frais. Le législateur peut certes intervenir pour les réduire : dans la banque par exemple, l'aide à la mobilité prévoit que le nouvel établissement s'occupe du transfert des opérations et de la clôture de l'ancien compte, sans aucun frais. Mais les coûts de transfert présentent aussi une dimension psychologique : le consommateur peut être victime d'un biais de « statu quo », consistant à remettre au lendemain la résiliation de son contrat actuel, alors même qu'il serait avantageux pour lui de changer tout de suite.

En dernier lieu, rien ne garantit que le client qui a changé d'offre ait fait finalement le meilleur choix. Il peut être par exemple victime de « surconfiance », ce qui le conduit à surestimer son besoin réel. Ainsi, une étude sur les clubs de gym à Boston a montré que 80 % des clients qui prenaient un abonnement surestimaient systématiquement leur motivation à aller s'entraîner régulièrement[50]. Il aurait été plus judicieux pour eux de payer à la séance : en moyenne, ils auraient économisé près de 600 dollars par an !

Ainsi, au-delà des obstacles objectifs, la mobilité des consommateurs est limitée par des biais comportementaux contre lesquels il est assez difficile de lutter.

Chronique publiée dans L'Opinion le 13 janvier 2021 à la suite de la publication d'une étude sur les tarifs bancaires.

50 S. DellaVigna, U. Malmendier (2006) "Paying Not to Go to the Gym", *American Economic Review*, Vol. 96, pp. 694-719

Jouer pour perdre ou pour gagner ?

La privatisation de la Française Des Jeux (FDJ) suscite l'engouement des particuliers : pas moins de 200 millions d'euros – soit un tiers de l'enveloppe réservée aux petits investisseurs – ont été souscrits quelques jours seulement après le lancement de l'opération. On peut se réjouir d'un tel succès, dans un pays si rétif à la Bourse, où le taux de détention d'actions en direct reste encore très faible, de l'ordre de 8 %.

Mais cet attrait pour les titres de la FDJ suscite aussi chez l'économiste un certain étonnement, à y regarder de plus près.

Rappelons en effet que l'activité principale de la FDJ consiste à vendre des jeux de tirage, de grattage et des paris sportifs ; les clients sont constitués en majorité de personnes peu diplômées : ainsi, en 2010, 87 % des joueurs actifs avaient au mieux le baccalauréat. Par ailleurs, parmi les joueurs présentant des risques d'addiction, près de 60 % d'entre eux avaient des revenus mensuels inférieurs à 1 100 euros par mois. Les jeux de hasard s'apparentent à ce que les économistes appellent un « bien inférieur » : plus un ménage est pauvre, plus il alloue une part importante de son budget à ce type d'activité.

En quoi est-ce un problème ? Comme le produit des jeux est fortement taxé par l'État – de l'ordre de 55 à 60 % – la loterie et les jeux de grattage reviennent en pratique à taxer des personnes qui sont peu ou pas soumises à l'impôt sur le revenu : il s'agit d'un impôt régressif qui ne dit pas son nom.

Plus encore, il est probable que ceux qui achèteront des actions de la FDJ auront plutôt le profil type de l'actionnaire en France : si l'on en croît l'AMF, il s'agit de personnes de professions indépendantes, libérales ou de cadres supérieurs. En 2018, 65 % des détenteurs d'actions percevaient des revenus mensuels supérieurs à 3 000 euros et 72 % avaient un patrimoine financier supérieur à 50 000 euros.

On arrive alors à une situation pour le moins paradoxale : des personnes moins riches que la moyenne des Français vont investir leurs modestes économies dans des jeux de hasard, dans l'espoir de jours meilleurs, mais en réalité avec peu de chances de gains. De l'autre côté, des Français plus aisés que la moyenne vont investir dans une entreprise de jeux de hasard et toucher des dividendes, grâce à l'argent dépensé en loto, grattage et paris par des personnes moins riches qu'eux. En cas de crise économique, l'action aura même une vertu contra-cyclique : en effet, on constate qu'en période de récession, le nombre de joueurs augmente tout comme le montant des mises. Ainsi, entre 2010 et 2014, le pourcentage de joueurs misant plus de 125 euros par mois est passé de 1,8 % à 7,2 %. Grâce au comportement de joueurs peu fortunés, les actionnaires vont se prémunir contre une chute trop forte du cours de l'action et donc de la valeur de leur épargne. C'est un peu le monde à l'envers.

Pour remettre un peu le monde à l'endroit, on serait tenté de conseiller aux personnes qui investissent leurs maigres économies dans les jeux de hasard de se tourner elles aussi vers la Bourse. C'est une autre forme de jeu, mais qui procure en moyenne à long terme à tous les « joueurs » un gain annuel de l'ordre de 5 %, sous réserve de réinvestir les dividendes et de diversifier sa mise sur plusieurs titres. C'est mieux que le loto, qui promet certes de devenir millionnaire, mais avec une probabilité de succès de 1 sur… 19 millions.

Chronique publiée dans L'Opinion le 13 novembre 2019 à la suite de l'annonce de la privatisation de la Française des Jeux.

L'entrepreneur, ce marginal

110 ans après Louis Bériot, Franky Zapata a donc réussi à traverser la Manche à bord de son Flyboard, plateforme volante turbopropulsée qu'il a construite lui-même. Cet exploit vient nous rappeler que les inventions ne sont pas seulement le fait de grandes entreprises qui investissent des milliards d'euros dans des activités de recherche-développement, à l'image de l'industrie pharmaceutique ou aéronautique. Elles peuvent aussi être portées par des individus hors norme, qui croient en leurs rêves fous et ouvrent de nouvelles voies. À une tout autre échelle que Franky Zapata, songeons aux Etats-Unis à Elon Musk, qui, après avoir lancé la première berline familiale 100 % électrique, entend aujourd'hui révolutionner l'industrie des lanceurs spatiaux avec SpaceX.

Ces individus hors norme nous invitent à nous replonger dans l'œuvre magistrale de Joseph Schumpeter, qui met au centre de la dynamique du capitalisme un acteur principal : « l'entrepreneur ». L'entrepreneur est d'abord celui qui vient disrupter un monde économique endormi que Schumpeter dénomme « circuit » : dans le circuit, l'activité se reproduit à l'identique ; la croissance y consiste pour l'essentiel à accroître les quantités produites, sans changer de trajectoire qualitative. Les innovations relèvent de l'amélioration de l'existant : elles sont « incrémentales ». Mais un jour, des innovations radicales sont lancées, qui viennent bouleverser toute l'économie, à l'image du chemin de fer qui a supplanté la diligence. Ces innovations radicales ne tombent pas du ciel : elles sont portées par des individus hors norme, les « entrepreneurs ».

Sous la plume de Schumpeter, l'entrepreneur n'a pas grand-chose à voir avec ce que nous désignons couramment sous le terme de « chef d'entreprise » : l'entrepreneur est d'abord un « marginal », un « révolutionnaire de l'économie », qui pense hors du cadre et vient même heurter l'ordre social établi. Il n'appartient à aucune classe sociale car il se définit par sa seule fonction : celle d'entreprendre. Il dispose d'un fort leadership pour emporter la conviction et franchir les obstacles ; il est motivé par le désir de puissance ou la « joie de créer une forme économique nouvelle », plus que par l'appât du gain, qui est la conséquence de sa réussite et non sa motivation première. Pour Schumpeter, l'entrepreneur est par nature un « débiteur » : il doit s'endetter pour réaliser ses rêves. Il a comme « compagnon de route » le banquier, qui prend le risque de soutenir un projet aux faibles chances de succès.

Schumpeter nous montre ainsi que l'entrepreneur est essentiel à la dynamique du capitalisme puisque sa survie même en dépend. Il autorise aussi une certaine mobilité sociale et empêche qu'une société ne soit uniquement fondée sur la reproduction des élites et des castes. Mais Schumpeter, dans son dernier ouvrage *Capitalisme, socialisme et démocratie* (1942) s'alarme du prochain « crépuscule de la fonction d'entrepreneur » : les entrepreneurs vont progressivement disparaître, victime de l'hostilité de la société envers le modèle qui l'a rendue riche, le capitalisme. Pour Schumpeter, si elle advenait, la disparition de l'entrepreneur marquerait alors l'avènement d'un autre modèle économique : le « socialisme ». Un modèle dans lequel tout est routine et reproduction à l'identique. Un modèle qui n'admet pas la contestation de l'ordre établi.

Chronique publiée dans L'Opinion le 5 août 2019 à la suite de l'exploit d'un inventeur, Franky Zapata, qui a traversé la Manche à bord d'une plateforme volante.

Chapitre 16

La carotte et le bâton : mieux réguler les comportements

Comme nous l'avons vu dans le précédent chapitre, la théorie économique suppose que les agents économiques – individus comme entreprises – opèrent des choix rationnels, en comparant les gains et les coûts de chaque décision. Un tel postulat s'avère particulièrement fructueux lorsque l'on veut comprendre l'incitation des agents à respecter les règles de droit : si le gain de l'infraction l'emporte sur son coût, alors l'agent économique a intérêt à enfreindre la loi. Dans ces conditions, si les pouvoirs publics veulent renforcer l'adhésion des agents aux règles de droit, ils doivent jouer sur les incitations, en renforçant les sanctions. Deux exemples permettent de l'illustrer.

Tout d'abord, durant la crise du Covid-19, les pouvoirs publics ont dû recourir au confinement généralisé, afin de limiter la propagation du virus. L'injonction « restez chez vous » a reposé largement sur le sens civique de tous nos compatriotes, le risque étant que chacun laisse aux autres le soin de respecter cette règle. La solution retenue par les pouvoirs publics a été la menace d'une modeste amende, dont l'effet dissuasif semble limité (« *Restez chez vous » : une injonction peu efficace* »).

Un second exemple est celui observé en matière de délais de paiement. Notre pays se caractérise par une vraie « culture du retard de paiement ». Afin de remédier à cette dérive, la loi a prévu des sanctions administratives en cas de retard de paiement. Mais les sanctions sont insuffisamment dissuasives pour les grands groupes, dans la mesure où leur montant maximal est plafonné (« *Retard de paiement : une négligence rationnelle* »).

La sanction n'est efficace que si son imposition est perçue comme certaine, comme le soulignait déjà en son temps Beccaria. Dans le cas de la lutte contre la petite délinquance, la certitude de la peine suppose en amont que le taux de détection des infractions ne soit pas trop faible. De plus, il vaut mieux une peine courte mais effective qu'une peine plus dure, mais appliquée de manière différée. À cet égard, la monétisation des peines présente l'avantage de son effectivité (« *Lutte contre la délinquance : miser sur la certitude de la peine* »).

Une politique répressive efficace suppose également de sanctionner les bonnes personnes, c'est-à-dire celles qui ont pris une part déterminante dans la commission de l'infraction. Ainsi, en Europe, les personnes morales (à savoir les entreprises et leurs actionnaires) sont poursuivies en cas d'infraction au droit de la concurrence, mais rarement les personnes physiques qui ont mis en œuvre la pratique. Introduire la possibilité de sanctions à l'encontre des managers les inciteraient à réfléchir à deux fois avant d'enfreindre la loi (« *Lutte contre les cartels : sanctionner les managers ?* »).

Les incitations à respecter les règles de droit peuvent prendre également la forme de récompenses pour ceux qui révèlent des fraudes.

Ainsi, le système des « aviseurs fiscaux » permet à l'administration d'indemniser une personne portant à sa connaissance des faits avérés de fraude fiscale. Pour autant, le système français des aviseurs reste encore timoré et ne se donne pas vraiment les moyens de son ambition (« *Lanceurs d'alerte : à grande fraude, grande récompense* »).

« Restez chez vous » : une injonction peu efficace

Face à l'épidémie, l'injonction « restez chez vous » reste pour l'heure la moins mauvaise solution pour limiter la diffusion du virus : tel est le message que le gouvernement envoie aux 67 millions de Français depuis peu. Cette injonction repose d'abord sur le sens civique de tous nos compatriotes.

Toutefois, l'analyse économique montre que, s'il est collectivement optimal que personne ne sorte, chacun laisse aux autres le soin de respecter cette règle. Comme chaque individu fait le même raisonnement, nous nous retrouvons dans une situation de « dilemme du prisonnier », bien connue en théorie des jeux : le résultat souhaité – à savoir que tout le monde reste chez soi– n'est pas atteint. Il est difficile d'éviter une telle issue non-coopérative, si ce n'est en faisant appel à un mécanisme de sanction efficace.

Une sanction efficace suppose que l'individu n'est plus intérêt à enfreindre la loi, au terme d'un calcul coût/bénéfice. Si l'on reprend l'analyse du prix Nobel Gary Becker, le gain de l'infraction doit être inférieur à la sanction multipliée par la probabilité objective d'être détecté. Dans le cas du coronavirus, la sanction prend la forme d'une amende de 135 euros. Si la probabilité de détection est par exemple de 20 % – ce qui est supérieur à la probabilité d'arrestation d'un délinquant –, l'amende espérée sera de 0,2 x 135 euros, soit 27 euros. Même s'il est difficile de quantifier le gain de l'infraction, qui n'est pas directement monétaire (le plaisir de sortir se promener), on peut s'interroger sur l'effet dissuasif d'un tel montant, notamment pour des individus aisés et qui présentent une faible aversion pour le risque.

De surcroît, la probabilité subjective d'être arrêté risque d'être plus faible que la probabilité objective, les individus manifestant des biais de comportement tels que la « surconfiance » : ils vont considérer qu'ils sont plus malins que les autres et sauront échapper aux forces de l'ordre. S'ils se font arrêter, ils pensent qu'ils échapperont à la sanction, en jouant sur les marges de liberté de leur attestation de déplacement, qui prévoit des dérogations pas toujours vérifiables. De même, on ne peut exclure un biais de « disponibilité » : comme les individus observent peu de verbalisations dans la rue, ils vont en conclure que la probabilité de détection est nulle.

Si l'immense majorité de nos citoyens respectera la règle par « patriotisme » et/ou par crainte de l'amende, il n'est pas certain que le montant de 135 euros suffise à dissuader tous les individus, en particulier ceux qui présentent un fort goût pour le risque. On pourrait s'en accommoder, en se disant qu'une sanction vise d'abord à dissuader une majorité de personnes et que l'on accepte qu'une minorité viole la règle. Tel est le raisonnement qui est appliqué, par exemple, dans la lutte contre la délinquance économique.

Mais en matière de lutte contre une épidémie, il en va tout autrement : afin de maîtriser la propagation du virus, il est impératif que tous les individus respectent l'injonction « restez chez vous », sans exception. Il faut donc aussi dissuader ceux qui afficheraient une forte préférence pour le risque ou une forte aversion pour la moralité. Une première solution, radicale, consiste à instaurer le couvre-feu généralisé : elle revient à faire payer tout le monde, au motif qu'une minorité ne respecte pas l'injonction. La seconde solution passe par une augmentation drastique du montant des sanctions à l'encontre des récalcitrants. Elle présente l'avantage de faire payer seulement ceux qui ne respectent pas la règle.

Chronique publiée dans L'Opinion le 23 mars 2020 dans un contexte de confinement généralisé en France.

Retards de paiement : une négligence rationnelle

Le think tank Terra Nova a publié une intéressante étude sur la question des délais de paiement en France[51]. Rappelons tout d'abord que notre pays se caractérise par une vraie « culture du retard de paiement », même si la situation a favorablement évolué depuis la Loi de Modernisation de l'Économie de 2008. En 2018, 43 % des factures sont payées dans les délais : si la France est dans la moyenne européenne, elle reste toutefois loin derrière des pays comme l'Allemagne (79 %). Plus inquiétant, notre pays arrive dans le peloton de tête en Europe pour les factures payées avec un retard dépassant les… 120 jours.

Qui sont les premières victimes de ces pratiques ? Fort logiquement, les petits acteurs, à savoir les PME et TPE. Dans un univers économique régi d'abord par le pouvoir de négociation, un grand acheteur a la capacité d'imposer ses conditions de paiement à ses petits fournisseurs. Cette pratique conduit à grever fortement leur trésorerie : le coût global annuel de ces retards est estimé par l'Observatoire des délais de paiement de la Banque de France à 19 milliards d'euros pour les PME et 7 milliards pour les TPE. Une véritable manne. Certains spécialistes estiment même que ces retards de paiement pourraient expliquer jusqu'à 25 % des faillites des PME.

Qui sont les principaux auteurs de cette pratique ? Fort logiquement, les grandes entreprises : plus la taille de l'entreprise augmente, plus le délai de paiement moyen s'allonge. 46 % des grandes entreprises paient dans les 60 jours contre 70 % pour les PME. Les acheteurs publics ont aussi leur part de responsabilité : la moitié du montant des retards de paiement leur est imputable. La situation est d'ailleurs

51 Terra Nova (2019) *Pour en finir avec la culture du retard de paiement en France*, 28 p.

assez paradoxale : l'État, qui mène par ailleurs une politique active de soutien financier aux PME, leur reprend largement ce qu'il leur donne. Une politique de soutien aux PME consisterait d'abord à être exemplaire dans le règlement des factures.

Afin de remédier à ces dérives, la loi a prévu que la victime puisse réclamer des pénalités de retard à son client indélicat. Mais ce droit est en pratique peu exercé par les fournisseurs qui craignent des représailles : il est irréaliste de penser que l'on peut remédier à un déséquilibre structurel en demandant au petit de porter plainte contre le gros. La solution est donc à rechercher plutôt du côté de l'action publique répressive. La DGCCRF peut prononcer depuis 2014 des sanctions administratives en cas de retard de paiement. Reste à savoir si ces sanctions seront suffisamment dissuasives pour les grands groupes, dans la mesure où leur montant maximal est plafonné à deux millions d'euros.

N'oublions pas qu'en matière de respect des règles du jeu, les agents économiques sont d'abord des agents rationnels, qui effectuent un calcul coût/bénéfice : ils paieront dans les délais leurs fournisseurs si le gain de l'infraction est inférieur à la sanction anticipée, laquelle dépend à la fois de son montant et de la probabilité de détection. Plus la probabilité de détection est faible, plus la sanction doit être forte. Plus le gain est fort, plus la sanction doit être élevée. En matière de délai de paiement comme ailleurs, si l'on veut lutter efficacement contre les infractions et manquements, il faut être aussi rationnel que ceux qui enfreignent les règles du jeu.

Chronique publiée dans L'Opinion le 24 octobre 2019 à la suite de la publication d'une étude sur les retards dans les délais de paiement en France.

Lutte contre la délinquance : miser sur la certitude de la peine

Alors que les questions sanitaires et économiques ont jusqu'ici occupé le devant de la scène politique, on assiste aujourd'hui au grand retour de la thématique de l'insécurité. Dans un tel contexte, le nouveau gouvernement a clairement affiché sa volonté de « serrer la vis ». Lors d'un déplacement à Nice, le premier ministre a rappelé que « l'important dans une peine, ce n'est pas sa sévérité mais sa certitude », faisant ainsi référence au célèbre ouvrage de Beccaria : *« Il faut donc choisir des peines et une manière de les infliger qui, toute proportion gardée, fassent l'impression la plus efficace et la plus durable possible sur l'esprit des hommes »*.

En premier lieu, la certitude de la peine suppose en amont que le taux de détection des infractions ne soit pas trop faible. En effet, s'il est proche de zéro, les candidats à la délinquance considéreront qu'ils ne se feront jamais interpeller – un biais bien connu en psychologie : un événement trop rare est perçu comme inexistant – et n'hésiteront pas à violer la loi. Il est donc nécessaire de maintenir sur le terrain une présence policière constante et dissuasive. À cet égard, l'annonce du gouvernement de renforcer « la police du quotidien » va dans le bon sens. A titre d'exemple, une étude menée sur le Royaume-Uni a montré que le retour sur la voie publique des policiers – la fameuse *Street Crime Initiative* – avait permis d'éviter plus de 10 000 vols par an et le bénéfice en termes de coût évité s'est avéré 4 à 5 fois supérieur à la dépense engagée.

En second lieu, comme les délinquants réagissent plus à la certitude de la peine qu'à son niveau, il vaut mieux une peine courte mais effective qu'une peine plus dure, mais non appliquée ou de manière trop différée. L'effectivité de la sanction interroge dans un pays comme la

France où, tous délits confondus, les peines d'emprisonnement fermes représentaient en 2017 seulement 49 % des peines d'emprisonnement total. Quelle est la valeur réellement punitive et dissuasive d'un sursis, surtout lorsqu'il est prononcé plusieurs années après l'infraction ? Au-delà du seul cas de la consommation de drogue, il serait utile de réfléchir à l'usage plus systématique de l'arme monétaire, en particulier pour les délits d'appropriation sans violence physique, comme nous l'avions montré dans une étude de la Fondapol (2015)[52]. L'amende a le mérite d'être assez immédiate : cet aspect est particulièrement important dans le cas de jeunes délinquants, qui se projettent peu dans une sanction différée. De plus, à la différence d'une peine avec sursis, la monétisation des peines introduit une contrainte matérielle forte sur le condamné, en l'obligeant à régler sa dette envers la société, que ce soit par le paiement de l'amende ou sa transformation en travaux d'intérêt général. Enfin, les peines monétaires établissent une forme d'équivalence objective entre le montant du butin et le niveau de l'amende, en obéissant à un principe simple : « à gain illicite élevé, amende élevée ».

Cette monétisation des peines ne réglera certes pas tous les problèmes – notamment pour les infractions et délits les plus graves – mais elle permettra au moins de lutter plus efficacement contre les 728 000 vols sans violence contre des personnes, les 235 000 cambriolages, les 141 000 vols de véhicules et les 266 000 vols dans les véhicules constatés pour la seule année 2019.

Chronique publiée dans L'Opinion le 30 juillet 2019 à la suite des déclarations du Premier Ministre sur l'efficacité des peines.

52 E. Combe, S. Daziano (2015) *Lutte contre les vols et cambriolages*, Note Fondapol

Lutte contre les cartels : sanctionner aussi les managers ?

Il y a quelques années, la Commission européenne a infligé une amende d'un milliard et demi d'euros à huit grandes banques, pour avoir organisé une entente sur les indices Euribor et Libor. Cette affaire dite du « cartel de l'Euribor » a connu un rebondissement intéressant au Royaume-Uni : une cour londonienne a infligé une peine totale de treize ans de prison à deux anciens traders français, qui avaient joué un rôle actif dans le fonctionnement du cartel.

Ce type de sanction reste assez rare en Europe, alors qu'il est monnaie courante aux États-Unis : au cours des dix dernières années, pas moins de 266 managers ayant participé à des cartels ont été envoyés derrière les barreaux outre-Atlantique, avec des peines de l'ordre de deux ans. Au pays du libéralisme revendiqué, il ne fait pas bon de comploter contre le marché et d'enfreindre les règles de la concurrence ! À l'inverse, en Europe, l'essentiel de l'action répressive est dirigé à l'encontre des personnes morales tandis que les personnes physiques sont plutôt épargnées.

Pourtant, l'idée de poursuivre les managers, parallèlement à l'action des autorités de concurrence, n'a rien d'absurde dans son principe. En effet, un manager peut avoir une incitation personnelle à s'engager dans un cartel, pour accroître ses performances, accélérer sa carrière ou percevoir un bonus plus élevé. Il n'est pas le simple exécutant zélé d'une stratégie décidée par les actionnaires ; il fait aussi un choix individuel et rationnel, celui d'accroître les profits de manière illicite, en comparant le gain personnel qu'il retirera de l'infraction avec son coût espéré, s'il se fait prendre. En l'absence de toute sanction individuelle – si ce n'est le risque éventuel d'être licencié par son employeur – le coût de l'infraction est pour lui proche de zéro. Introduire la possibilité de sanctions pénales ou administratives l'inciterait sans doute à réfléchir à deux fois avant d'enfreindre la loi.

Faut-il, pour autant, recourir à l'arme fatale de la prison ? Pas forcément. Tout d'abord, en Europe, les pratiques de cartel ne sont pas suffisamment stigmatisées au sein de la population pour qu'une solution si radicale puisse prospérer. On peut à cet égard relever qu'en France, si le fait de « prendre frauduleusement une part personnelle et déterminante » dans l'organisation d'une entente est passible de quatre ans de prison et 75 000 euros d'amende, en pratique, cette disposition du Code de commerce n'est quasiment jamais appliquée. En outre, les peines de prison ferme sont assez coûteuses pour les deniers publics.

Mais surtout, il existe une solution alternative à la prison, tout aussi dissuasive : mettre sur la touche les managers qui ont enfreint la loi. Cette solution dite de « disqualification » existe déjà en matière financière : l'Autorité des marchés financiers peut ainsi prononcer des interdictions d'exercer temporaire ou définitive à l'encontre de personnes physiques qui se sont livrées à des abus de marché. Les sanctions administratives sont parfois lourdes : en mai dernier, un conseiller financier s'est vu ainsi interdire d'exercer pendant dix ans, pour avoir trompé ses clients sur la réalité des risques d'un placement.

Entre l'arme fatale de la prison et l'impunité totale des managers, la disqualification constitue une solution pragmatique qui mériterait d'être explorée, pour mieux lutter contre l'une des pratiques les plus injustifiables qui soit en économie de marché : les cartels.

Chronique publiée dans L'Opinion le 30 juillet 2018, à la suite de la condamnation au Royaume-Uni de deux traders à des peines de prison fermes dans le cadre d'une affaire de cartel.

Lanceurs d'alerte : à grande fraude, grande récompense

Les députés viennent de renforcer le système des « aviseurs fiscaux » qui permet à l'administration d'indemniser une personne portant à sa connaissance des faits avérés de fraude fiscale. Mis en place en 2017, ce dispositif a permis en deux ans de récupérer 95 millions d'euros, et deux aviseurs ont été indemnisés. Le système des aviseurs est très encadré : l'anonymat de l'aviseur vis-à-vis de celui qu'il dénonce est garanti et le montant de l'indemnité à laquelle il peut prétendre ne peut excéder 1 million d'euros. Alors qu'il était limité jusqu'à aujourd'hui à la seule fraude fiscale internationale, son périmètre vient d'être élargi par les députés à la TVA. C'est une bonne nouvelle : chaque année 10 à 16 milliards d'euros manquent dans les caisses de l'État à cause de la fraude à la TVA.

Pour autant, le système français des aviseurs reste encore timoré et ne se donne pas vraiment les moyens de son ambition. Un système efficace doit avoir pour objectif premier d'inciter à révéler les fraudes les plus importantes. Pour y parvenir, il ne faut pas hésiter à rémunérer les aviseurs à la hauteur des risques pris : plus une fraude est importante, plus il est périlleux de la dénoncer. Dans cette perspective, l'idée de fixer un plafond d'indemnité à 1 million d'euros est problématique : il vaudrait mieux fixer un pourcentage basé sur le montant des recettes recouvrées par l'État. Ainsi, aux États-Unis, le montant de la « récompense » ne peut pas être inférieur à 15 % et peut atteindre jusqu'à 30 % du montant recouvré. L'office américain des aviseurs a certes versé 312 millions de dollars en 2018 à 217 personnes, mais le jeu en a valu la chandelle : grâce aux aviseurs, le fisc américain a récupéré 1,4 milliard de dollars. Dans sa lutte contre la fraude, L'État doit être aussi rationnel que les fraudeurs eux-mêmes : s'il ambitionne de détecter de grandes fraudes, il ne doit pas hésiter à promettre... de grandes récompenses. Le bon calcul économique consiste à mettre en balance les gains en termes de recettes fiscales avec l'indemnité versée à l'aviseur.

Il serait également judicieux d'établir une méthodologie de détermination de l'indemnité, sans aller toutefois jusqu'à fixer un barème ; un aviseur doit savoir ex-ante à quelle fourchette de récompense il peut prétendre et selon quels critères. L'indemnité doit être fixée de manière transparente, prévisible, avec un pourcentage minimum d'indemnité.

Les opposants au système des aviseurs considèrent qu'il s'apparente à une véritable « délation », renvoyant aux pires heures de notre histoire. L'analogie est trompeuse : les aviseurs ne dénoncent pas des innocents mais de grands fraudeurs, qui ne paient pas ce qu'ils doivent à la collectivité. Les aviseurs, mêmes attirés par l'appât du gain, contribuent en réalité au respect et à l'effectivité des règles de droit.

A l'heure où la France a un besoin criant d'argent pour ses écoles et ses hôpitaux, l'idée de récupérer quelques milliards issus de la fraude fiscale ne serait pas une mauvaise idée. Au-delà d'être un bon calcul, la lutte contre la grande fraude fiscale contribuerait également à réconcilier les Français avec l'État, en leur montrant que les règles du jeu s'appliquent à tous. La fin justifie parfois les moyens.

Chronique publiée dans L'Opinion le 25 novembre 2019 à la suite du renforcement en France du dispositif des aviseurs fiscaux.

Chapitre 17

Vivre pendant le Covid-19

Sidération : tel est le mot qui revient le plus souvent lorsque l'on évoque l'irruption de la pandémie de Covid-19 au début de l'année 2020. Personne n'avait été véritablement préparé à un tel évènement, jamais vu depuis la Seconde guerre mondiale.

Dans un tel contexte, des comportements de panique ont pu être observés au sein de la population : des clients se sont rués sur les rayons des supermarchés dans le but de constituer des stocks préventifs. Pour briser l'engrenage de tels comportements, les pouvoirs publics ont multiplié les messages rassurants. La bataille contre la prophétie autoréalisatrice a d'abord été une bataille des croyances, qui s'est jouée sur le terrain médiatique (« *Craintes de pénurie : attention aux prophéties auto-réalisatrices !* »).

Face à l'ampleur de la crise, les États ont pris rapidement des mesures restrictives et préventives. La première urgence, en l'absence de vaccin, a été de limiter la diffusion du virus, en recourant au confinement et au port du masque.

Pour ce qui est du confinement, cette décision a posé une question aussi redoutable que délicate à l'économiste : jusqu'où un pays peut-il accepter une sévère récession pour sauver le plus de vies possible ? Les économistes se sont livrés à différentes simulations sur les coûts et les bénéfices des mesures de confinement. Le dilemme est cruel : plus on veut limiter le nombre de décès, plus on doit accepter de restrictions, ce qui a un impact négatif sur l'activité économique (« *Confinement : une analyse coût/bénéfice* »). Le confinement a eu également des effets redoutables sur la formation initiale des jeunes. Comme les écoles ont été physiquement fermées, seule la formation à distance a pu prendre le relais. Elle n'a pas toujours été possible dans des pays à bas revenu. Dans les pays riches, le risque a été plutôt de voir des élèves abandonner leurs études prématurément ou ne pas rattraper complètement le retard accumulé durant la période de confinement. La « génération confinement » pourrait bien payer le confinement au prix fort (« *Génération confinement* »).

Pour ce qui est des masques, face à une situation objective de pénurie mondiale, le réflexe naturel de l'État a été de vouloir tout faire lui-même. Ce faisant, l'État s'est privé des compétences précieuses du secteur privé, notamment en n'envoyant pas de signal clair sur les volumes nécessaires (« *Masque : le difficile pilotage du marché* »). Les mesures protectionnistes en vigueur avec le Covid-19 n'ont pas non plus facilité la tâche des soignants et des populations. L'exemple du savon est à cet égard éloquent : fortement taxé à l'importation, son prix a été renchéri. Se laver les mains plusieurs fois par jour a été inaccessible, notamment pour les plus démunis dans les pays pauvres (« *Le protectionnisme nuit à la lutte contre l'épidémie* »).

Dans ce sombre tableau se profile toutefois une note d'espoir : de nombreux employeurs ont opté pour une organisation du travail plus flexible et à distance, en particulier avec le télétravail. Ce faisant, aux États-Unis, les hommes en couple avec enfants se sont beaucoup plus investis dans l'éducation de leur progéniture. De plus, de nombreuses femmes ont joué les premiers rôles sur le front sanitaire durant la crise du Covid-19 : on songe tout particulièrement au corps médical, composé à 85 % de femmes ou aux caissières dans les magasins. Ce phénomène de rééquilibrage des tâches entre hommes et femmes sera-t-il durable, une fois la crise du Covid passée ? (« *Qui fera les devoirs avec les enfants ?* »).

Craintes de pénurie : attention aux prophéties auto-réalisatrices !

Des clients se ruant sur les rayons des supermarchés dans le but d'acheter préventivement des pâtes, de la farine et même... du papier toilette : l'épidémie de coronavirus a fait resurgir en France des comportements dont on avait oublié l'existence et que l'on observe plutôt dans des pays en guerre ou en proie à une grave crise économique.

Ces comportements d'achats de précaution doivent être pris très au sérieux dans la mesure où ils peuvent déboucher sur une spirale infernale, difficile à arrêter. Une spirale qui n'est pas sans rappeler les phénomènes de « prophétie auto-réalisatrice » mis en évidence dès 1878 par l'économiste Stanley Jevons, au travers d'un exemple assez saugrenu.

Supposons que dans un pays les agents économiques constatent que la récolte agricole a été très bonne une année et que, cette même année, il y a eu de fortes éruptions solaires. Ils pourraient en déduire qu'il ne s'agit pas d'une simple coïncidence, mais qu'il existe un lien de causalité entre les deux phénomènes : chaque fois qu'il y a une éruption solaire, la récolte est meilleure. L'hypothèse est absurde d'un point de vue scientifique, mais l'important est qu'une majorité de personnes y croit. Que va-t-il alors se passer ? Lors de l'annonce d'une prochaine éruption solaire, les investissements vont massivement se tourner vers l'agriculture, en prévision de cette manne future.

Par leur comportement, les agents économiques vont valider leurs propres croyances : la récolte sera effectivement meilleure. Leur croyance, pourtant erronée, aura eu des effets bien réels. Il sera difficile – pour ne pas dire impossible – de les convaincre de l'absurdité de la relation causale : la réalité leur aura donné raison. Les perdants seront au contraire ceux qui auront été « raisonnables » et n'auront pas adhéré à la prophétie.

Le raisonnement de Jevons peut être aisément transposé aux craintes de pénuries alimentaires. Si, lors d'une crise sanitaire comme le coronavirus, une majorité de consommateurs pense qu'il peut y avoir demain une pénurie, ils vont se ruer dans les magasins pour constituer préventivement des stocks chez eux. Ce faisant, par leur comportement, ils vont conduire à vider les rayons des supermarchés : la crainte de la pénurie sera alors validée. Une spirale va se déclencher et s'auto-entretenir : ceux qui n'ont pas cru à la pénurie vont la constater dans les rayons et se dirent qu'ils devraient également constituer des stocks, avant qu'il ne soit trop tard.

Si l'on veut éviter de tels phénomènes auto-réalisateurs, il est impératif de briser la spirale dès le départ. Pas simple, à l'heure des réseaux sociaux, où les informations se diffusent à la vitesse éclair : une simple photo d'un rayon vide peut inciter les clients à se ruer dans les rayons. Il est donc vital, comme l'a fait justement Bruno Le Maire, d'envoyer des signaux clairs et crédibles à l'ensemble de la population.

Non seulement en répétant, chiffres à l'appui, que l'approvisionnement en produits alimentaires est largement sécurisé. Mais également en affichant de manière visible la mobilisation de tous les acteurs de la chaîne alimentaire – producteurs, transformateurs et distributeurs – autour de cette mission. La bataille contre la prophétie auto-réalisatrice est d'abord une bataille des croyances, qui se joue sur le terrain médiatique.

Chronique publiée dans L'Opinion le 16 mars 2020 dans un contexte de crainte de pénuries alimentaires à la suite de mesures de confinement.

Confinement : une analyse coût / bénéfice

Au-delà de l'effroi que suscite l'épidémie de Covid-19, elle pose une question aussi redoutable que délicate à l'économiste : jusqu'où doit-on accepter une sévère récession pour sauver le plus de vies possible ? Les termes du débat peuvent être présentés simplement, pour ne pas dire froidement, en prenant deux scénarios extrêmes.

Un premier scénario serait de ne rien faire et de laisser le virus se répandre dans la population. Le nombre de décès serait sans doute élevé : à titre d'exemple, si on applique l'étude de l'Imperial Collège de Londres sur la France, en l'absence de toute mesure contraignante, on pourrait atteindre 530 000 décès, ce qui reviendrait à doubler le nombre de décès annuels dans notre pays. Mais ce premier scénario permet de limiter, au moins à court terme, l'ampleur de la récession, dans la mesure où aucune restriction à l'activité économique n'est imposée.

Un second scénario, inverse du premier, consiste à mettre la quasi-totalité de l'activité économique à l'arrêt pour plusieurs mois, en imposant un confinement absolu. Plus personne ne sortirait, à l'exception des personnes nécessaires à la lutte contre le Covid-19. Il en résulterait une forte récession : l'offre diminuerait, faute de travailleurs et d'approvisionnement en matières premières ; la demande également, les individus ne pouvant plus sortir de chez eux. Cette diminution de la production aurait un coût économique mais aussi un coût social, en particulier dans les pays pauvres ne disposant pas d'une protection sociale permettant aux individus de survivre en cas de choc.

Entre ces deux scénarios extrêmes, il existe de nombreux scénarios de politique publique, plus ou moins contraignants, chacun ayant un ratio coût/bénéfice différent : plus on veut limiter le nombre de décès, plus on doit accepter de restrictions, ce qui a un impact négatif sur l'activité économique.

Dans une étude publiée en 2020[53], trois économistes ont simulé plusieurs scénarios, sur la base d'un modèle de diffusion de l'épidémie aux États-Unis et de son impact macroéconomique. Si le gouvernement opte pour une politique de « laisser faire » mais que les individus adoptent par eux-mêmes une attitude prudente – limitation des sorties, etc… – le virus affectera 54 % de la population américaine. En prenant un taux de mortalité de 0,5 %, les auteurs aboutissent à un scénario de… 880 000 décès. Du côté de l'activité macro-économique en revanche, l'impact sera limité à une baisse de la consommation de 7 % la première année.

À l'inverse, une politique de confinement entraînera une récession plus sévère, avec une baisse de la consommation de 22 %. Mais elle permettra de sauver 500 000 vies par rapport à une politique de « laisser faire ». En fixant un « prix de la vie » égal à 9,3 millions de dollars – soit le prix retenu par l'agence américaine de protection de l'environnement –, les trois auteurs aboutissent à un gain pour la collectivité de 4 750 milliards de dollars. C'est presque un quart du PIB des États-Unis et surtout beaucoup plus que le coût économique d'une récession. Bref, lutter contre la diffusion du virus par un confinement optimal n'est pas seulement une question morale. Cela semble aussi un bon calcul économique.

Chronique publiée dans L'Opinion le 7 avril 2020 à la suite de l'annonce de mesures de confinement généralisé en France.

---

53 M. Eichenbaum, S. Rebelo, M. Trabandt (2020)"The Macroeconomics of Epidemics", *NBER Working paper* N° 26882, 53 p.

Génération confinement

Il ne fait décidément pas bon d'être jeune par les temps qui courent, dans les pays en développement comme dans les pays riches. Comme le souligne une étude de l'Organisation Mondiale du Travail (OIT)[54], la crise économique née du Covid-19 risque d'avoir des conséquences dramatiques et de long terme sur l'insertion des jeunes sur le marché du travail.

Le premier impact est immédiat : alors même qu'ils affichent déjà un taux de chômage supérieur à la moyenne en temps normal, les jeunes – et en particulier les jeunes femmes – vont être davantage touchés par le chômage. Dans les pays pauvres, ce phénomène provient du fait qu'une majorité d'entre eux occupe un emploi informel, au statut précaire et très sensible à la conjoncture économique. De plus, l'essentiel des migrants internationaux viennent de ces pays et ont moins de 30 ans : la fermeture des frontières ne leur permet plus de trouver un travail à l'étranger. Dans les pays riches, on va également assister à une hausse du chômage des jeunes mais qui sera minorée par la diminution de leur taux de participation au marché du travail. Certains jeunes vont en effet renoncer à chercher un travail et s'éloigner ainsi durablement de l'emploi ; il sera pour eux plus difficile d'y revenir, lors de la reprise économique, dans la mesure où ils auront perdu une partie de leurs compétences.

Le second impact de la crise économique est qu'elle rend plus difficile l'entrée sur le marché du travail pour les jeunes qui sortent aujourd'hui du système éducatif. Pour ceux qui trouveront un emploi, le risque est d'être embauché à des conditions peu avantageuses ou sur des postes qui ne correspondent pas à leur véritable niveau d'éducation.

54 OIT (2020) *Youth & COVID-19: Impacts on jobs, education, rights and mental well-being*, p.

Il peut en résulter un impact durable sur leur trajectoire salariale et leurs perspectives de carrière, à cause d'un effet de déclassement dès le départ.

Le troisième effet de la crise – le plus préoccupant – concerne la formation initiale des jeunes. Comme les écoles sont physiquement fermées, seule la formation à distance peut prendre le relais. Elle n'est pas toujours possible dans des pays à bas revenu, faute d'équipement suffisants en ordinateurs et en connexion internet. Dans les pays riches, le risque est plutôt de voir des élèves abandonner leurs études prématurément ou ne pas rattraper complètement le retard accumulé durant la période de confinement. Or, si l'on suit la théorie du capital humain de Gary Becker, l'éducation est d'abord un investissement sur soi-même : on estime ainsi qu'une année d'école en plus se traduit pour un individu par une hausse de 9 % de ses revenus futurs. A contrario, une interruption des études engendre un effet durablement négatif sur les revenus : une étude sur la génération d'élèves allemands et autrichiens qui avaient 10 ans en 1940 et qui ont dû interrompre l'école à cause de la guerre montre que l'effet sur leurs salaires se voit encore… 40 ans après. En appliquant ce même principe sur les États-Unis aujourd'hui, la Brooking Institution[55] estime que la fermeture des écoles pendant 4 mois va conduire à une perte individuelle de revenu de 1 337 dollars par an soit, en actualisant sur une durée de travail de 45 ans, un montant de 33 464 dollars. Cela peut sembler mineur si l'on raisonne à l'échelle d'un seul individu. Mais si l'on raisonne sur les 76 millions d'étudiants américains qui ont été confinés, on obtient un chiffre éloquent : un coût global de… 2 500 milliards de dollars. La « génération confinement » risque de payer la crise du Covid-19 au prix fort.

Chronique publiée dans L'Opinion le 2 Juin 2020 à la suite de la publication d'une étude de l'OIT sur l'impact de la crise Covid-19 sur les jeunes.

55 G. Psacharopoulos, H. Patrinos, V. Collis, E. Vegas (2020) *The Covid-19 cost of school closures*, Brooking Institution

Masques : le difficile pilotage du marché

La gestion de l'offre de masques par les pouvoirs publics durant la crise sanitaire nous montre à quel point l'intervention de l'État sur un marché reste un exercice délicat.

Premier temps de l'histoire : faute de stocks suffisants de masques de protection respiratoires et chirurgicaux, notre pays s'est trouvé confronté dès le début de la pandémie à une situation de pénurie, en premier chef pour protéger les personnels soignants. Face à l'urgence, le réflexe naturel de l'État a été de vouloir tout faire lui-même. Il a donc réquisitionné la totalité des stocks, de la production domestique et des importations ; il a également fait le choix d'aller lui-même démarcher les industriels chinois, pour sécuriser les approvisionnements.

Ce faisant, il s'est sans doute privé de l'expertise de nombreuses entreprises françaises qui disposaient déjà d'une connaissance fine du marché chinois et des réseaux de fournisseurs potentiels à l'étranger. Le message général a été qu'en situation d'urgence extrême, l'État ne délègue pas aux acteurs privés : « Les masques, c'est moi », pour reprendre la formule d'une étude de l'Institut Montaigne. Ce choix contraste avec celui opéré par les Allemands. En Allemagne en effet, après une certaine hésitation, Angela Merkel a pris la décision début avril de signer des accords-cadres avec de grandes entreprises nationales pour l'approvisionnement en masques importés. L'initiative privée est venue alors en soutien de l'action publique.

Dans un second temps, l'enjeu de la crise sanitaire a été d'offrir à tous les Français des « masques barrières », jetables ou réutilisables. Pour ce qui est des masques à usage unique, essentiellement importés, la sage décision a été prise de fixer un prix plafond, envoyant ainsi un signal clair au marché et aux éventuels « profiteurs de guerre ».

Il en va tout autrement pour les masques réutilisables : comme un prix plafond était difficile à instaurer, compte tenu de la diversité des modèles, les pouvoirs publics sont essentiellement intervenus en fixant des normes de qualité, au travers d'un référentiel Afnor. Ils ont également facilité la mise en relation des parties prenantes, via une plateforme.

Mais aucun signal clair n'a été envoyé au marché sur les volumes prévisibles, alors même que la demande de masques a de fortes chances d'être temporaire. Plus de 400 entreprises, notamment de la filière textile, se sont lancées dans la confection de masques et… ce qui devait arriver est arrivé, assez rapidement : une situation d'excès d'offre, avec plusieurs dizaines de millions de masques réutilisables qui ne trouvent pas preneur.

Sans jeter la pierre à quiconque, on a le sentiment rétrospectif que l'intervention de l'État sur ce marché a été à la fois trop forte et trop faible. Trop forte au début de la crise sanitaire, lorsque l'on aurait pu aussi miser sur l'initiative privée pour booster nos importations de masques. Trop faible durant la seconde phase de production domestique, où le marché a manqué d'informations sur les risques de surproduction. Par exemple, sans aller jusqu'à fixer les volumes, l'État aurait pu jouer un rôle utile de coordinateur du marché, en alertant régulièrement les acteurs privés sur l'évolution de la production et de l'offre par rapport à la demande.

Le dosage et l'articulation entre régulation publique et initiative privée restent décidément un art difficile, surtout en situation d'urgence.

Chronique publiée dans L'Opinion le 16 juin 2020 dans un contexte de pénurie de masques durant la crise de Covid-19.

Le protectionnisme nuit à la lutte contre le Covid-19

A l'heure où la lutte contre la diffusion du Covid-19 suppose d'avoir accès à du matériel médical et de prévention, force est de constater que le protectionnisme ne facilite pas toujours la tâche des soignants et des populations.

Prenons l'exemple d'un produit aussi banal qu'essentiel aujourd'hui : le savon. Depuis le début de l'épidémie, l'OMS recommande à l'ensemble de la planète de se laver les mains plusieurs fois par jour. Le problème est que 155 pays dans le monde appliquent des droits de douane sur les importations de savon, comme le souligne le rapport du think tank Global Trade Alert[56]. La moitié le taxe même à hauteur de 15 % ou plus, sans compter les restrictions quantitatives à l'import.

L'effet de cette taxe à l'importation est de renchérir le prix du savon pour les hôpitaux et l'ensemble de la population. Se laver les mains plusieurs fois par jour peut devenir inaccessible, notamment pour les plus démunis dans les pays pauvres. Comme l'écrit Simon Evenett, professeur à l'Université de Saint-Gall, « une taxe sur le savon est une taxe sur l'hygiène ». Il y a donc une certaine contradiction entre la volonté des gouvernements de lutter contre l'épidémie et une politique commerciale qui taxe le savon.

On nous objectera que le but d'une taxe à l'importation est de stimuler la production nationale : à la suite de l'augmentation du prix du savon, les producteurs domestiques seront incités à en produire plus. Cet argument se heurte toutefois à deux limites. La première est que

56 S. Evenett (2020) Tackling Covid-19 together, *Report Global Trade Alert*

l'urgence impose d'avoir accès très vite et à bon marché à du savon : augmenter les capacités de production prend du temps, tandis que fabriquer chez soi, plus cher et sans économies d'échelle, ne règle pas la question du prix élevé.

La seconde est qu'il est peu judicieux de produire du savon, alors qu'il n'y a pas de risque de dépendance en matière d'approvisionnement : il existe dans le monde de nombreux pays qui fabriquent déjà du savon. En ce sens, le savon n'est pas une « industrie stratégique », qui justifie que l'on puisse se protéger pour assurer sa sécurité sanitaire. Il est donc urgent de lever les restrictions à l'importation de savon dans le monde, comme le préconise le Global Trade Alert.

La taxation des importations ne se limite pas au seul savon et touche parfois une large gamme de produits essentiels à la lutte contre le Covid-19. Les États-Unis sont en train d'en faire la triste expérience. Sous l'impulsion de Trump, ils se sont lancés depuis 2018 dans une escalade protectionniste vis-à-vis de la Chine, en taxant 360 milliards d'importations. Parmi celles-ci figurent de nombreux produits médicaux, comme le souligne une étude du Peterson Institute[57] : des blouses d'hôpital mais aussi des équipements tels que des moniteurs pour patients.

Les Chinois, privés depuis deux ans d'accès au marché américain ont trouvé d'autres débouchés. L'épidémie de Covid-19 change aujourd'hui radicalement la donne : les États-Unis veulent importer plus et Trump a discrètement réduit le 12 mars les droits de douane sur certains produits médicaux en provenance de Chine.

57 C. Bown (2020) Trump's trade policy is hampering the US fight against COVID-19, *Peterson Institute for International Economics*

Mais c'est oublier que le protectionnisme est une politique non coopérative, qui mine la confiance de ses partenaires à long terme, alimente les représailles et se paye un jour au prix fort. Les Chinois ne l'ont visiblement pas oublié.

Chronique publiée dans L'Opinion le 16 Aavril 2020 à la suite de la publication d'un rapport sur les droits de douane durant la crise du Covid-19.

Qui fera les devoirs avec les enfants ?

Une étude de la DG Trésor est venue confirmer, chiffres à l'appui, ce que l'on pressentait déjà[58] : le confinement pour tous n'aura pas été le même pour tous. Le cas de la répartition des tâches ménagères et éducatives entre hommes et femmes est à cet égard révélateur. L'étude nous montre que 70 % des femmes ont supervisé quotidiennement le travail de leurs enfants pendant le confinement, contre seulement 32 % des hommes. À vrai dire, ces chiffres ne sont guère surprenants : on sait qu'en temps normal les femmes réalisent déjà en moyenne deux heures de plus par jour de « travail non payé » que les hommes, pour reprendre l'expression de l'OCDE.

La question de l'inégale répartition des tâches au sein du foyer familial est importante dans la mesure où elle rejaillit sur les inégalités homme/femme sur le marché du travail. En effet, les travaux récents en économie du travail montrent que l'écart de salaire (pour un même niveau de diplôme) et de trajectoire professionnelle entre hommes et femmes s'explique en grande partie par le fait d'avoir des enfants. Face à la perspective de devoir faire une « double journée », les femmes ont tendance à privilégier des emplois à temps partiel, voire à interrompre temporairement leur carrière, ou à s'orienter vers des secteurs ou des professions qui offrent des conditions plus adaptées aux charges familiales mais moins rémunératrices. Les inégalités homme/femme au travail prennent finalement leurs racines dans le « hors travail ».

Faut-il pour autant désespérer de la situation ? Une autre étude économique, publiée par le NBER vient apporter une lueur d'espoir[59]. Sur la base de données statistiques recueillies pendant le confine-

58 DG Trésor (2020) « Inégalités de conditions de vie face au confinement », *Note Trésor Eco* N° 264, 8 p.

59 T. Alon, M. Doepke, J. Olmstead-Rumsey, M. Tertilt (2020) "The impact of Covid-19 on gender equality", *NBER Working paper* N° 26947, 39 p.

ment aux États-Unis, les auteurs de l'étude montrent que deux faits nouveaux pourraient changer demain la donne. Tout d'abord, de nombreux employeurs ont opté pour une organisation du travail plus flexible et à distance, en particulier avec le télétravail. L'étude montre que les hommes en couple avec enfants se sont beaucoup plus investis dans l'éducation de leur progéniture lorsqu'ils étaient en télétravail : en moyenne 6 heures par semaine, contre 4 heures pour ceux qui n'étaient pas en télétravail, soit un écart notable de 50 %. Si ce type d'organisation du travail venait à perdurer après la crise sanitaire, le rééquilibrage (partiel) du temps consacré aux enfants à l'intérieur du couple pourrait avoir un impact positif sur la trajectoire professionnelle d'une partie des femmes. Mais surtout, de nombreuses femmes ont joué les premiers rôles sur le front sanitaire durant la crise du Covid-19 : on songe tout particulièrement au corps médical, composé à 85 % de femmes ou aux caissières dans les magasins. L'étude montre qu'aux États-Unis, 9 % des couples sont composés d'une femme dont le métier peut être considéré comme « vital » en période de crise sanitaire et d'un homme dont l'emploi n'est pas critique. Au sein de ces couples, la répartition des tâches durant la crise s'est momentanément mais très fortement modifiée, avec un investissement important du conjoint dans l'éducation des enfants. Ce phénomène sera-t-il durable, une fois la crise passée ? Pas impossible nous disent les auteurs, si le choc transitoire du Covid-19 a contribué à modifier… les représentations sociales.

Chronique publiée dans L'Opinion le 19 août 2020 dans un contexte de confinement à la suite de la crise du Covid-19.

Chapitre 18

Sortir du Covid-19… tous ensemble ?

Sortirons-nous indemnes de la crise du Covid-19, qui a littéralement mis entre parenthèses l'économie mondiale pendant de longs mois, notamment à la suite de s mesures de confinement prises dans la plupart des pays ?

En première approche, on peut considérer que la crise du Covid-19 n'affectera pas durablement l'économie mondiale, dans la mesure où il s'agit d'un choc temporaire et purement exogène, causé par un virus : une fois l'épidémie éradiquée, l'économie reprendra progressivement son cours, sans que rien n'ai vraiment changé.

Cette thèse contient une part de vérité : en particulier, contrairement à une opinion souvent exprimée, il est peu probable que la mondialisation et ses chaines de valeur globales soient profondément remises en cause à l'issue de la crise du Covid-19. En effet, face à un choc perçu comme temporaire, les entreprises vont probablement « faire le dos rond » et réaliser de simples ajustements à la marge sur leurs chaines de valeur, en les rendant plus résilientes (« *Les chaines de valeur globales ont encore un bel avenir* »).

Mais à l'inverse, au niveau du tissu économique de chaque pays, une fois passé le temps des aides publiques massives, le processus schumpéterien de « destruction créatrice » va devoir faire son œuvre. L'enjeu est d'éviter la multiplication des « firmes zombies», qui ne sont pas rentables mais qui ont « survécu » grâce aux aides publiques (« *Gare aux entreprises zombies !* »).

Depuis le début de la pandémie, tous les experts s'accordent à penser que la sortir de crise sanitaire se fera par la voie d'un vaccin. À cet égard, on ne peut que saluer la réactivité avec laquelle l'industrie pharmaceutique, soutenue notamment par des financements publics américains, a mis au point en un temps record un vaccin (« *Vaccin : un exploit médical* »). Pour autant, cet exploit médical risque de ne pas être accessible à tous les pays, tout de suite. En effet, dans un contexte de pénurie de vaccins, on a vu surgir une forme de « nationalisme du vaccin », dont les pays en pays en développement font, comme souvent, les frais : ils seront servis les derniers (« *Covid-19 : surmonter le nationalisme du vaccin* »). De nombreuses solutions ont été envisagées pour remédier à cette situation, parmi lesquelles la levée des brevets sur les vaccins contre le Covid-19. Cette solution ne nous semble pas la plus pertinente. Le principal levier doit être de financer des capacités de production supplémentaires pour vacciner le plus vite possible toute la planète (« *Vaccin : un problème de capacités plus que de brevets* »).

Les chaînes de valeur globales ont encore un bel avenir

La crise du Covid-19 a révélé notre forte dépendance aux importations de composants, à l'image des semi-conducteurs. Faut-il pour autant en conclure que cette prise de conscience va conduire demain à une déconstruction des chaines de valeur globales, comme on l'entend trop souvent ? Rien n'est moins sûr.

En premier lieu, les chaines de valeur globales sont aujourd'hui structurées de manière complexe. Une entreprise ne se contente plus d'importer des composants de différents pays, pour les assembler dans une usine qui fabriquera son produit final. Il s'agit plutôt pour une entreprise localisée en Italie d'importer des composants en provenance d'Inde, de les incorporer dans un produit intermédiaire qu'elle va ensuite exporter vers l'Allemagne. Dans ces conditions, modifier la localisation d'un seul maillon intermédiaire – l'Italie dans notre exemple – est coûteux puisqu'il va falloir modifier tous les flux de commerce de produits intermédiaires, de l'amont à l'aval. La notion de « chaine » et d'interdépendance entre tous les maillons prend ici tout son sens.

En second lieu, l'essor des technologies numériques peut paradoxalement conduire à approfondir la division internationale des tâches, en élargissant le nombre de pays accessibles aux chaines de valeur. Internet permet par exemple à des entreprises, localisées dans des pays pauvres, de surmonter le handicap des mauvaises infrastructures physiques en proposant au reste du monde leurs services digitaux. De même, les systèmes de vérification de type blockchain permettent de mieux sécuriser les transactions et incitent les grandes entreprises occidentales à aller prospecter de nouveaux partenaires dans des pays moins connus.

En troisième lieu, la crise du Covid-19 a certes mis à mal les chaines de valeur, en révélant leurs failles dans des circonstances extrêmes ; mais cette crise n'en reste pas moins un évènement très rare et de nature temporaire, causé par un évènement imprévisible et hors norme, à savoir un virus. Il n'est pas certain que, face à un tel choc temporaire, les entreprises décident de tout chambouler. On peut plutôt penser qu'elles vont attendre le retour à la normale, « faire le dos rond » et réaliser des ajustements à la marge, en dédoublant certains approvisionnements ou en régionalisant davantage leurs futures chaines de valeur.

En dernier lieu, constituer une chaine de valeur globale nécessite pour l'entreprise un long travail de prospection et de sélection de ses partenaires, parfois localisés dans des pays lointains. Il faut négocier un contrat avec son partenaire et apprendre à le connaître : ce capital réputationnel et de confiance, qui fait la force de la relation se construit au cours du temps et est largement spécifique. Si le donneur d'ordre décide de changer demain de fournisseur, tous les investissements qu'il a réalisés dans le passé avec ce partenaire local seront perdus. Comme le souligne l'économiste Pol Antras de l'Université d'Harvard[60], nouer une relation d'affaires n'est pas seulement un coût fixe, c'est aussi et surtout un coût irrécupérable *(« sunk cost »).* Les entreprises vont donc y réfléchir à deux fois avant de modifier la localisation de leurs approvisionnements. Autant dire que les chaines de valeur mondiales ont encore de beaux jours devant elles.

Chronique publiée dans L'Opinion le 19 mai 2020 dans un contexte de débat sur la résilience des chaines de valeur globale.

60 P. Antràs (2021) "De-Globalisation? Global Value Chains in the Post-COVID-19 Age." ECB Forum: "Central Banks in a Shifting World" Conference Proceedings

Covid-19 : gare aux (entreprises) zombies !

Depuis le début de la crise sanitaire, les vannes de la dépense publique ont été largement ouvertes, avec une réponse à la mesure de l'ampleur du choc : selon le FMI, pas moins de 11 000 milliards de dollars ont été injectés dans l'économie par les pays du G20. Personne ne conteste véritablement le bien-fondé de ce soutien massif aux entreprises comme aux salariés.

Pour autant, on ne doit pas oublier que ces plans d'aides ont pu avoir un effet collatéral indésirable : en aidant massivement la plupart des entreprises, sans distinction, il est probable que l'intervention publique ait contribué à maintenir en vie des entreprises… qui auraient disparu en l'absence de la crise du Covid-19. En particulier, l'attention se porte aujourd'hui sur ce que l'on appelle en économie les « firmes zombies ».

Il s'agit d'entreprises qui ne sont pas rentables dans la durée et qui affichent de faibles perspectives de croissance (et donc une faible capitalisation lorsqu'elles sont cotées) – à la différence par exemple d'une start-up prometteuse –, mais qui restent pourtant sur le marché. Elles ne sont pas assez mauvaises pour disparaître rapidement ; mais elles ne sont pas efficaces pour autant. Elles « survivent », notamment à la faveur d'un contexte de taux d'intérêt très bas.

Une étude de la Banque des règlements internationaux[61] montre que ces entreprises existaient bien avant la crise du Covid-19 et que leur nombre a même explosé depuis trente ans, passant de 4 % à 15 % en 2017. La BRI dresse un véritable « portrait-robot » de ces zombies : comparativement aux autres entreprises, elles sont

61 R. Banerjee, B. Hofmann (2020) "Corporate zombies: Anatomy and life cycle", *BIS Working Papers* No 882, 31 p.

plutôt de taille moyenne, investissent peu, connaissent une croissance négative de l'emploi, sont peu productives et très endettées. Plus encore, si 25 % d'entre elles finissent par faire faillite, 60 % s'en sortent et retrouvent le chemin de la rentabilité. Mais il s'agit d'une rentabilité faible et fragile, avec une forte probabilité de retomber dans la « zombification ».

Pourquoi doit-on s'inquiéter d'un tel phénomène ? L'enjeu est fondamental, si nous voulons retrouver demain le chemin d'une croissance forte. On sait que la croissance est d'abord affaire de gains de productivité, lesquels dépendent eux-mêmes de facteurs tels que la capacité à renouveler son tissu économique, en laissant entrer et croître de nouvelles entreprises à fort potentiel. Les études statistiques montrent sans conteste que ce sont ces nouvelles entreprises qui tirent la productivité et l'emploi.

Mais si l'on veut que ces jeunes pousses prometteuses puissent prendre toute leur place, encore faut-il que le marché ne soit pas « encombré » par trop de zombies, au risque de créer un effet de congestion sur le marché. Peu d'entreprises efficaces entreront car trop d'entreprises inefficaces resteront. Le mécanisme de la destruction créatrice, si cher à Schumpeter et remis à l'honneur par les travaux de Philippe Aghion[62], sera grippé. On risque alors de le payer cher, avec une croissance « molle », à l'image de ce que vit le Japon depuis trente ans.

Face à l'ampleur du choc économique généré par la crise sanitaire, nous avons tous été keynésiens, à juste titre. Il est désormais temps d'être aussi un peu… schumpéteriens.

Chronique publiée dans L'Opinion le 25 novembre 2020 dans un contexte de soutien massif aux entreprises face à la crise du Covid-19.

62 Voir par exemple : P. Aghion, C. Antonin, S. Bunel (2020) *Le pouvoir de la destruction créatrice*, Odile Jacob, 435 p.

Vaccin : un exploit médical

La lutte contre le Covid-19 a été l'occasion pour l'industrie pharmaceutique de mettre au point des premiers vaccins en un temps record. Il faut bien entendu se réjouir d'un tel exploit médical, qui a deux origines principales.

La première est que de nombreux pays et de nombreuses entreprises se sont mis à chercher dès le début de la pandémie. Selon l'OMS, pas moins de 232 vaccins potentiels sont en cours de développement, prenant appui sur 7 plateformes technologiques différentes. 12 vaccins sont dans la dernière phase d'essais cliniques et certains d'entre eux, à l'image des vaccins de BioNTEch/Pfizer et de Moderna, ont déjà obtenu leur autorisation de mise sur le marché. Ce foisonnement de recherches, aux quatre coins du monde, a contribué à augmenter la probabilité de découverte, chaque laboratoire craignant d'être devancé dans la course au brevet. Même à l'heure du Covid-19, la concurrence a démontré qu'elle restait un aiguillon efficace pour stimuler l'incitation à innover, au profit de tous les pays.

La seconde raison de cet exploit médical est à rechercher dans l'investissement considérable qu'un pays a consenti pour le développement du vaccin : les États-Unis. Les américains ont en effet mis sur la table pas moins de 10 milliards de dollars dans le cadre de l'opération Warp Speed, initiée dès Mai 2020 sous la houlette de la Barda. Cet investissement a permis non seulement de financer une partie des dépenses de R&D des laboratoires, mais aussi de développer des capacités de production et de préacheter des doses, avant même de connaître le résultat des recherches.

L'engagement américain contraste avec celui de l'Union Européenne : si l'on en croit une étude de Terra Nova, les montants totaux accordés en Europe au titre de la recherche du vaccin s'élèveraient à 1 milliard d'euros, auquel il faut ajouter 2,7 milliards d'euros pour le préachat de doses. L'Europe peut donc dire merci aux États-Unis : dans l'attente des vaccins européens de Curevac/Bayer et de Sanofi/GSK, ce sont bien des innovations développées sur le sol américain qui sont aujourd'hui fabriquées et distribuées en Europe. Même à l'heure du Covid-19, la mondialisation des échanges et la multinationalisation des entreprises ont démontré leurs bienfaits, en permettant à de nombreux pays d'avoir accès à des vaccins conçus par d'autres.

Pour autant, cet exploit médical risque de ne pas être accessible à tous, tout de suite. L'équation comptable est en effet aussi simple que cruelle : si l'on veut obtenir une immunité collective, 75 % de la population mondiale doit être vaccinée, soit… 6 milliards d'individus. Un vaccin pouvant nécessiter deux injections, cela revient à dire qu'il faudra produire jusqu'à 12 milliards de doses. En dépit des nombreux contrats signés avec des fabricants, il est peu probable que cet objectif soit atteint dans des délais courts. Selon une étude, 51 % des vaccins couverts par des préachats sont destinés aux pays riches ; par ailleurs, un quart de la population mondiale n'aura pas accès au vaccin avant 2022, en dépit de l'initiative Covax. Le vaccin ne sera donc pas véritablement un « bien commun de l'humanité » c'est-à-dire un bien disponible pour tous, partout et tout de suite.

Chronique publiée dans L'Opinion le 27 janvier 2021 alors que les pays développés se lancent dans la vaccination massive.

Covid-19 : surmonter le nationalisme du vaccin

« Nous devons éviter de tomber dans le nationalisme du vaccin » : telle est l'inquiétude que le secrétaire général de l'OMS, relayée par le pape François, vient d'exprimer face à la multiplication des initiatives individuelles pour sécuriser l'accès à un traitement contre le Covid-19. En effet, l'Europe comme les États-Unis ont conclu plusieurs accords avec des laboratoires pour s'assurer de la fourniture prioritaire de doses. À vrai dire, rien de surprenant à cela : dès lors que les pays anticipent que les capacités de production seront insuffisantes, chacun joue sa propre partition et fait monter les enchères. Le résultat est que les moins bien lotis – à savoir les pays en développement- feront, comme souvent, les frais de cette compétition : ils seront servis les derniers.

Est-il possible de surmonter cet égoïsme rationnel ? On serait spontanément tenté d'en douter : en économie, la coopération relève plus de l'exploit que de la règle.

Pourtant, un espoir existe avec le lancement par l'OMS de l'initiative Covax, qui rassemble déjà 172 pays : elle vise à financer le développement d'un portefeuille de vaccins et à garantir, une fois le vaccin trouvé, un accès équitable au traitement au niveau mondial. Son ambition est grande : fournir pas moins de 2 milliards de doses d'ici la fin de l'année 2021. Cette initiative présente trois avantages.

En premier lieu, en investissant sur plusieurs projets, elle permet de diversifier le risque et donc d'augmenter la probabilité de miser sur le bon vaccin. À l'heure actuelle, ce sont déjà 9 candidats vaccins qui ont été retenus.

En second lieu, en rassemblant de nombreux pays, Covax fait bénéficier ses membres, et tout particulièrement les plus pauvres et les plus petits, de son pouvoir de négociation avec les laboratoires. Dans un cas limite, si tous les pays adhéraient à Covax, ce dernier se retrouverait en monopsone. Un monopsone utilise sa puissance d'achat pour faire… baisser les prix. Une situation exactement inverse de celle engendrée par la compétition entre pays pour l'accès au vaccin.

En troisième lieu, Covax vise à inciter les laboratoires à investir dans des capacités de production, ce qui n'a rien d'évident. En effet, les laboratoires peuvent craindre un comportement opportuniste de la part des pays : ces derniers vont promettre d'acheter des vaccins à un certain prix puis, une fois que les laboratoires auront investi, ils renégocieront à la baisse. Anticipant ce comportement, les laboratoires préfèreront sous-investir. Une promesse réversible est une promesse qui n'est pas crédible. Pour surmonter cette difficulté, une solution consiste à s'engager à l'avance sur l'achat d'un certain volume à un prix pré-déterminé et à provisionner les financements auprès d'une organisation indépendante. Ce mécanisme, appelé « garantie de marché » *(Advance Market Commitment)* vient d'être repris par l'alliance du Vaccin (GAVI), partenariat public-privé visant à élargir l'accès aux vaccins dans les pays en développement et auquel participe l'OMS.

Ces initiatives coopératives parviendront-elles à surmonter la tentation naturelle du chacun pour soi ? Réponse dans quelques semaines pour Covax : les pays ont en effet jusqu'au 31 août pour soumettre leur manifestation d'intérêt. Ils devront ensuite mettre la main au portefeuille. Pour l'heure, l'OMS a reçu 2,5 milliards de dollars, alors que la somme totale est estimée à 30 milliards de dollars. Soyons optimistes, même si ce n'est pas une attitude très économique.

Chronique publiée dans L'Opinion le 25 août 2020 alors que les premiers vaccins contre le Covid-19 commencent à être délivrés.

Vaccins : un problème de capacités plus que de brevets

Lever les brevets sur les vaccins contre le Covid-19 : voilà la solution préconisée aujourd'hui par les États-Unis pour endiguer plus rapidement la pandémie. Il est vrai que les accords TRIPS de l'OMC autorisent, sous certaines conditions, cette possibilité en cas d'urgence sanitaire. Elle a d'ailleurs été invoquée dans le passé par certains pays émergents pour obtenir des baisses de prix sur des médicaments coûteux comme les traitements contre le VIH. Mais l'enjeu principal aujourd'hui est tout autre : il ne s'agit pas de diminuer le prix du vaccin mais de produire plus et plus vite. Dans un article publié en 2021, plusieurs chercheurs, dont le prix Nobel d'économie Michael Kremer, posent les termes du débat, chiffres à l'appui[63].

Ils nous rappellent tout d'abord que chaque mois qui passe se traduit par une perte de revenus pour le monde d'environ 500 milliards de dollars. En y ajoutant tous les effets indirects, et en particulier les pertes en capital humain, on arrive à 1 000 milliards de dollars perdus chaque mois, tant que l'immunité collective n'est pas atteinte. Comme les capacités de production actuelles sont estimées à 3 milliards de doses pour l'année 2021, il faudra 1 an aux pays riches pour être immunisé et 2 ans pour le monde entier.

Doit-on aller plus vite ? Pour répondre à cette question, les auteurs de l'étude simulent le gain et le coût pour la collectivité d'une augmentation de la production de doses de 3 à 4 milliards dès cette année. Du côté des gains, 1 milliard de doses supplémentaires accélèrera l'immunité collective : elle sera atteinte en 9 mois pour les pays

63 M. Kremer & alii (2021) "Market design to accelerate COVID-19 vaccine supply", *Science* , pp. 1107-1109

riches – au lieu d'un an – et en 17 mois pour le monde entier – au lieu de deux ans. Ce temps gagné permettra à l'activité économique de repartir plus vite : le gain économique par dose se chiffre entre 576 $ et 989 $ selon les hypothèses retenues. Du côté des coûts, chaque dose supplémentaire coûtera à la collectivité entre 6 et 40 $, selon le vaccin choisi. On constate que le gain retiré par la collectivité l'emporte très largement sur le coût supplémentaire : produire plus de vaccins tout de suite est donc un bon calcul économique.

Comment faire pour aller plus vite ? Les laboratoires privés ne vont pas spontanément investir davantage dans de nouvelles capacités : en effet, ils n'ont aucune raison d'intégrer dans leur calcul de rentabilité le gain pour la collectivité mais leur seul gain privatif, soit le prix de vente du vaccin. On se retrouve dans une situation assez classique de défaillance du marché (appelée « externalité positive ») qui justifie l'intervention correctrice des pouvoirs publics. Un premier levier consiste à remettre en cause les brevets. Cette solution va prendre du temps, le temps d'un accord à l'OMC ; en outre, elle est plus adaptée pour résoudre un problème de prix élevé plutôt que d'insuffisance des quantités produites. Enfin, elle porte atteinte aux droits de propriété intellectuelle et peut dissuader les innovations futures. Un second levier consiste pour les pouvoirs publics à financer des capacités de production supplémentaires, ce qui permet d'agir directement sur l'origine du problème. Cette solution a un autre mérite : elle n'altère pas la confiance des investisseurs dans la pérennité des brevets.

Chronique publiée dans L'Opinion le 12 mai 2021 à la suite de la proposition américaine de lever les brevets sur les vaccins contre le Covid-19.

Concurrences
Revue des droits de la concurrence

Revue Concurrences

Revue trimestrielle dédiée aux droits interne et européen de la concurrence

Concurrences est une revue universitaire trimestrielle dédiée aux droits interne et européen de la concurrence. Créée en 2004 par Laurence Idot, Frédéric Jenny et Nicolas Charbit, la revue est un forum de discussions entre universitaires, magistrats et praticiens du droit de la concurrence. Son rayonnement en dehors du champ des spécialistes est tel que plusieurs personnalités publiques de premier plan ont publié des points de vue dans ses colonnes : Jacques Attali, Elie Cohen, François Hollande, Christine Lagarde, Emmanuel Macron, Nicolas Sarkozy, Margrethe Vestager…

Comité scientifique et comité international

Le Comité scientifique, présidé par Laurence Idot assure l'indépendance de la revue et sélectionne les articles soumis à la revue sur des critères de rigueur de la démonstration et d'objectivité. Le Comité international, présidé par Frédéric Jenny, contribue à la diffusion de la revue à l'international et à l'organisation des conférences hors de l'Europe.

Contributeurs

Plus de 1500 contributeurs provenant de 15 pays ont publié dans la revue Concurrences. Ces contributeurs sont universitaires, magistrats ou représentants d'autorités de concurrence, avocats ou conseils juridiques, tous spécialisés en droit ou en économie de la concurrence.

Version électronique

Depuis 2004, Concurrences a publié plus de 12 500 articles (au 1er septembre 2021). La version électronique reprend l'intégralité des articles parus dans la version imprimée depuis 2004 ainsi qu'environ 20 % d'articles supplémentaires. Ce supplément électronique correspond à des contributions publiées exclusivement sur le site de la revue notamment en raison de leur ampleur : actes de colloques, articles de fond, contributions économiques...

e-Competitions
Antitrust Case Laws e-Bulletin

Bulletin e-Competitions

Bulletin d'actualité électronique hebdomadaire dédié aux jurisprudences concurrences nationales

e-Competitions est un bulletin d'actualité électronique hebdomadaire et une base de données couvrant la jurisprudence de plus de 55 juridictions. Le Bulletin se présente sous la forme de commentaires d'arrêts, de décisions et de textes légaux ou réglementaires. Chaque commentaire comporte la description de l'affaire commentée, rappelle les dispositions mises en œuvre et le cas échéant ajouter un bref commentaire critique. Pour chaque article, le Bulletin donne accès à la décision ou arrêt commenté dans sa langue d'origine. La langue du Bulletin est l'anglais.

Contributeur

e-Competitions repose sur un réseau de 3 000 experts en droit antitrust comprenant des universitaires et des avocats spécialisés. Ces contributeurs fournissent de manière détaillée et hebdomadaire des informations sur leur jurisprudence régionale et nationale.

News issues

SPECIAL ISSUES

Les « News Issues » sont publiées dans le bulletin e-Competitions toutes les deux semaines en alternance avec les « Special Issues ». Ils contiennent 15 à 30 articles d'actualité. Les « Special Issues » reprennent quant à eux toutes les affaires majeures publiées depuis 1982 sur un sujet spécifique du droit antitrust (actions en dommages-intérêts, sanctions pénales, clémence...) ou sur un secteur d'activité particulier (santé, électricité, télécommunications, services financiers...). Les «Special Issues» sont accompagnées d'une synthèse réalisée par un auteur spécialiste du domaine concerné.

- 20 000 articles
- 3 500 auteurs
- 85 pays couverts
- 30 000 abonnés
- Partenariats avec 6 cabinets d'avocats
- Partenariats avec 8 centres de recherches
- Comité scientifique : Eleanor Fox, Wouter Wils, Frédéric Jenny, Bill Kovacic...

INSTITUTE of Competition Law
Antitrust databases and resources

Institut de droit de la concurrence

L'Institut de droit de la concurrence est un groupe de réflexion créé en 2004 dédié au droit de la concurrence et de la régulation économique. L'objectif de l'Institut est de promouvoir la recherche en droit de la concurrence et de la régulation. L'Institut édite à cette fin des revues et bases de données en langues française et anglaise et organise des conférences en Europe et aux Etats Unis. Afin d'assurer indépendance, rigueur et objectivité, chacune de ces publications et conférences est placée sous la supervision d'un comité scientifique et/ou d'un comité éditorial. Grâce à ses travaux, l'Institut est devenu en quelques années un groupe de réflexion et un centre de recherches de référence en droit de la concurrence et de la régulation.

Domaines d'action

Droit de la concurrence, droit de la régulation économique, et, économie industrielle.

Comités scientifiques et éditoriaux

Eleanor Fox, Laurence Idot, Frédéric Jenny, Bill Kovacic, Bruno Lasserre, Mario Monti, Damien Neven, Wouter Wils, Richard Whish…

Contributeurs

3 800 contributeurs dans 85 pays.

Partenaires

- Universités : IEJE Liège, King's College London, Paris Panthéon Assas/Sorbonne, Queen Mary College, University College London…
- Cabinets d'avocats : Baker McKenzie, Cleary Gottlieb, Jones Day, Shearman Arps, Van Bael & Bellis, White & Case …

Séminaires

Plus de 450 évènements depuis 2004 à Paris, Bruxelles, Londres, New York, Washington et Hong Kong.

www.ingramcontent.com/pod-product-compliance
Lightning Source LLC
LaVergne TN
LVHW050641051026
849532LV00002B/480
* 9 7 9 1 0 9 4 2 0 1 6 1 9 *